一本书读懂
智能网联汽车

崔胜民　编著

化学工业出版社
·北京·

本书针对智能网联汽车技术人员、管理人员以及爱好者所关心的问题进行了精心汇集和分类，内容包括智能网联汽车的基本概念、技术分级、体系结构、关键技术、发展目标和标准体系，以及智能网联汽车的环境感知技术、无线通信技术、网络技术、导航定位技术和先进驾驶辅助技术所涉及的各种典型问题。

全书图文并茂，用简单易懂的文字和彩色图片对智能网联汽车200个问题进行了全面解答，通过阅读本书，可以让更多的人更快、更好地掌握智能网联汽车知识，也可以快速查到自己所关心的问题。

图书在版编目（CIP）数据

一本书读懂智能网联汽车/崔胜民编著．—北京：化学工业出版社，2019.3（2023.4重印）
ISBN 978-7-122-33649-1

Ⅰ.①一⋯　Ⅱ.①崔⋯　Ⅲ.①汽车-智能通信网　Ⅳ.①U463.67

中国版本图书馆CIP数据核字（2019）第002360号

责任编辑：陈景薇　　　　　　　　　　　文字编辑：冯国庆
责任校对：王素芹　　　　　　　　　　　装帧设计：王晓宇

出版发行：化学工业出版社（北京市东城区青年湖南街13号　邮政编码100011）
印　　装：涿州市般润文化传播有限公司
710mm×1000mm　1/16　印张11¾　字数199千字　2023年4月北京第1版第3次印刷

购书咨询：010-64518888　　　　　　　　售后服务：010-64518899
网　　址：http://www.cip.com.cn
凡购买本书，如有缺损质量问题，本社销售中心负责调换。

定　　价：68.00元　　　　　　　　　　　　　　版权所有　违者必究

前言

PREFACE

随着全球汽车保有量的快速增长，能源短缺、环境污染、交通拥堵、事故频发等社会问题日益突出，成为汽车产业可持续发展的限制因素。智能网联汽车被公认为是这些问题的有效解决方案，代表着汽车行业未来的发展方向，也是目前我国汽车工业转型的重要方向之一。

智能网联汽车是《中国制造2025》规划中提出的新概念，是智能汽车与互联网相结合的产物。智能网联汽车集中运用了汽车工程、人工智能、计算机、微电子、自动控制、通信技术、大数据、云计算等专业知识，是一个集环境感知、规划决策、控制执行、信息交互等于一体的高新技术综合体，拥有相互依存的价值链、技术链和产业链体系。目前各大汽车企业都在积极开展智能网联汽车的研究和开发，迫切需要了解智能网联汽车知识；高等院校车辆工程相关专业也逐渐开设智能网联汽车方面的课程，传授智能网联汽车知识。

本书以问答的形式全面系统地介绍了智能网联汽车知识，其中概述性问题30个，环境感知技术问题50个，无线通信技术问题25个，网络技术问题20个，导航定位技术问题20个，先进驾驶辅助技术问题55个。本书涉及的问题既有智能网联汽车的基础知识，又有智能网联汽车的最新技术和未来发展方向，相信会是一本非常实用的科普图书。

在本书编写过程中，引用了一些网上资料和图片，特向其作者和图片拍摄者、制作者表示深切的谢意。

由于笔者学识有限，书中不足之处在所难免，恳盼读者给予指正。

希望本书的出版能对普及智能网联汽车知识，以及发展智能网联汽车起到积极的引导和促进作用。

编著者

Chapter 1 智能网联汽车概述 /001

1-1 为什么要发展智能网联汽车? / 001
1-2 汽车技术未来发展趋势是什么? / 002
1-3 什么是智能汽车? / 003
1-4 什么是网联汽车? / 004
1-5 智能汽车的发展方向是什么? / 005
1-6 什么是车联网? / 006
1-7 车联网主要有哪些应用? / 006
1-8 什么是智能交通系统? / 007
1-9 什么是智能网联汽车? / 008
1-10 什么是无人驾驶汽车? / 009
1-11 无人驾驶汽车具有哪些价值? / 010
1-12 智能网联汽车相关概念是什么关系? / 011
1-13 智能网联汽车技术路线是怎样的? / 011
1-14 智能网联汽车智能化是如何分级的? / 012
1-15 智能网联汽车网联化是如何分级的? / 014
1-16 SAE对自动驾驶是如何分级的? / 014
1-17 驾驶员对车辆控制权有哪几种形式? / 015
1-18 智能网联汽车的发展路径是什么? / 017
1-19 智能网联汽车系统层次结构是怎样的? / 018
1-20 智能网联汽车应用前景是怎样的? / 019
1-21 智能网联汽车技术逻辑结构是怎样的? / 020
1-22 智能网联汽车技术架构是怎样的? / 021
1-23 智能网联汽车产品物理结构是怎样的? / 021
1-24 智能网联汽车发展目标是什么? / 022
1-25 智能网联汽车发展的重点产品是什么? / 023
1-26 智能网联汽车关键零部件有哪些? / 024
1-27 智能网联汽车关键共性技术有哪些? / 025
1-28 智能网联汽车标准建设目标是什么? / 025
1-29 智能网联汽车标准体系包含哪些内容? / 026
1-30 智能网联汽车自动驾驶功能检测项目及测试场景是怎样的? / 027

目录 CONTENTS

Chapter 2
智能网联汽车环境感知技术 / 029

2-1 智能网联汽车环境感知系统的任务是什么？ / 029
2-2 智能网联汽车环境感知方法有哪些？ / 030
2-3 智能网联汽车环境感知系统有哪些主要硬件？ / 031
2-4 智能网联汽车环境感知系统由哪几部分组成？ / 031
2-5 什么是超声波传感器？ / 032
2-6 超声波传感器有什么特点？ / 033
2-7 超声波传感器测距原理是怎样的？ / 034
2-8 超声波传感器在智能网联汽车上有哪些应用？ / 035
2-9 什么是毫米波雷达？ / 035
2-10 毫米波雷达有什么特点？ / 036
2-11 毫米波雷达的工作过程是怎样的？ / 037
2-12 毫米波雷达有哪些类型？ / 037
2-13 毫米波雷达的测量原理是怎样的？ / 038
2-14 毫米波雷达目标识别流程是怎样的？ / 039
2-15 毫米波雷达在智能网联汽车上有哪些应用？ / 040
2-16 毫米波雷达在智能网联汽车上如何布置？ / 041
2-17 什么是激光雷达？ / 042
2-18 激光雷达有什么特点？ / 043
2-19 激光雷达系统由哪几部分组成？ / 044
2-20 激光雷达测距原理是怎样的？ / 044
2-21 激光雷达有哪些类型？ / 045
2-22 激光雷达有哪些功能？ / 047
2-23 什么是视觉传感器？ / 048
2-24 视觉传感器有什么特点？ / 049
2-25 什么是CCD图像传感器和CMOS图像传感器？ / 050
2-26 视觉传感器有哪些类型？ / 051
2-27 视觉传感器有哪些功能？ / 052
2-28 基于视觉传感器的环境感知流程是怎样的？ / 052
2-29 视觉传感器在智能网联汽车上有哪些应用？ / 053
2-30 环境感知传感器各有何不同？ / 054

目录

2-31 环境感知传感器在智能网联汽车上如何配置？ / 055
2-32 什么是道路识别技术？ / 056
2-33 道路识别流程是怎样的？ / 056
2-34 道路识别方法主要有哪些？ / 057
2-35 什么是车牌识别技术？ / 058
2-36 车牌识别系统由哪几部分组成？ / 059
2-37 车牌识别流程是怎样的？ / 060
2-38 车牌识别方法主要有哪些？ / 060
2-39 车辆识别方法主要有哪些？ / 061
2-40 什么是行人识别技术？ / 062
2-41 行人识别系统由哪几部分组成？ / 063
2-42 行人识别方法主要有哪些？ / 064
2-43 交通标志有哪些主要特征？ / 065
2-44 交通标志识别系统由哪几部分组成？ / 066
2-45 交通标志识别流程是怎样的？ / 066
2-46 交通标志识别方法主要有哪些？ / 067
2-47 交通信号灯有哪些主要特征？ / 069
2-48 交通信号灯识别系统由哪几部分组成？ / 069
2-49 交通信号灯识别流程是怎样的？ / 070
2-50 交通信号灯识别方法主要有哪些？ / 071

Chapter 3
智能网联汽车无线通信技术 / 072

3-1 什么是无线通信技术？ / 072
3-2 无线通信系统由哪几部分组成？ / 072
3-3 无线通信主要有哪些类型？ / 073
3-4 短距离无线通信技术有哪些？ / 074
3-5 智能网联汽车V2X通信代表什么？ / 075
3-6 智能网联汽车V2X通信典型应用场景有哪些？ / 076
3-7 什么是蓝牙技术？ / 077

目录 CONTENTS

3-8 蓝牙技术有什么特点？ / 078
3-9 蓝牙技术在汽车上有哪些应用？ / 078
3-10 什么是RFID技术？ / 079
3-11 RFID系统由哪几部分组成？ / 080
3-12 RFID技术有什么特点？ / 081
3-13 RFID技术在汽车上有哪些应用？ / 082
3-14 什么是DSRC技术？ / 082
3-15 DSRC系统由哪几部分组成？ / 083
3-16 DSRC技术在智能网联汽车上有哪些应用？ / 084
3-17 什么是LTE-V技术？ / 085
3-18 LTE-V通信系统由哪几部分组成？ / 085
3-19 LTE-V技术在智能网联汽车上有哪些应用？ / 086
3-20 LTE-V技术与DSRC技术有什么差别？ / 088
3-21 什么是微波通信技术？ / 088
3-22 什么是5G移动通信技术？ / 089
3-23 5G移动通信技术主要有哪些应用场景？ / 090
3-24 5G移动通信技术有什么特点？ / 091
3-25 无人驾驶汽车为什么必须采用5G移动通信技术？ / 092

Chapter 4
智能网联汽车网络技术 /094

4-1 智能网联汽车由哪些网络构成？ / 094
4-2 车载网络有哪些类型？ / 095
4-3 车载网络有哪些总线技术？ / 096
4-4 CAN总线有什么特点？ / 097
4-5 举例说明CAN总线在汽车上有哪些应用？ / 098
4-6 LIN总线有什么特点？ / 099
4-7 举例说明LIN总线在汽车上有哪些应用？ / 100
4-8 FlexRay总线有什么特点？ / 100
4-9 举例说明FlexRay总线在汽车上有哪些应用？ / 101

目录

4-10 MOST 总线有什么特点？　/ 102
4-11 举例说明 MOST 总线在汽车上有哪些应用？　/ 102
4-12 以太网有什么特点？　/ 103
4-13 举例说明以太网在汽车上有哪些应用？　/ 104
4-14 什么是车载自组织网络？　/ 104
4-15 车载自组织网络结构有哪些类型？　/ 105
4-16 车载自组织网络路由协议有哪些类型？　/ 106
4-17 车载自组织网络主要有哪些应用场景？　/ 108
4-18 什么是移动互联网？　/ 110
4-19 移动互联网有哪些接入方式？　/ 111
4-20 什么是车载移动互联网？　/ 112

Chapter 5 智能网联汽车导航定位技术　/ 113

5-1 车载导航系统有哪些功能？　/ 113
5-2 汽车导航中车辆位置测定方法有哪些？　/ 114
5-3 车载卫星导航系统四大要素是什么？　/ 115
5-4 全球四大卫星导航系统分别是什么？　/ 116
5-5 全球定位系统定位原理是怎样的？　/ 117
5-6 全球定位系统由哪几部分组成？　/ 118
5-7 全球定位系统有什么特点？　/ 118
5-8 什么是差分全球导航定位系统？　/ 119
5-9 北斗卫星导航定位系统与GPS定位原理有何不同？　/ 120
5-10 北斗卫星导航定位系统由哪几部分组成？　/ 120
5-11 北斗卫星导航定位系统有什么特点？　/ 121
5-12 什么是车辆航位推算？　/ 121
5-13 什么是GPS/DR组合导航定位系统？　/ 122
5-14 通信基站定位技术主要有哪些？　/ 122
5-15 无人驾驶汽车定位方法有哪几种？　/ 123
5-16 导航地图和高精度地图有什么区别？　/ 124

5-17 高精度地图在无人驾驶汽车中起什么作用？／125
5-18 汽车导航中的路径规划有哪些方法？／126
5-19 路径搜索有哪些常用算法？／127
5-20 路径决策规划体系结构主要有哪几种？／128

Chapter 6

智能网联汽车先进驾驶辅助技术 ／130

6-1 什么是先进驾驶辅助系统？／130
6-2 自主式先进驾驶辅助系统包括哪些？／131
6-3 网联式先进驾驶辅助系统包括哪些？／133
6-4 智能网联汽车智能化分级与ADAS配置之间有哪些关系？／134
6-5 先进驾驶辅助系统产业链是怎样的？／135
6-6 ADAS采用视觉传感器与毫米波雷达相融合有什么优势？／136
6-7 视觉传感器与毫米波雷达数据融合策略有哪几种？／136
6-8 多传感器融合的基本原理是怎样的？／137
6-9 智能网联汽车ADAS对通信系统有哪些要求？／138
6-10 什么是前车防撞预警系统？／139
6-11 前车防撞预警系统由哪几部分组成？／140
6-12 前车防撞预警系统的工作原理是怎样的？／140
6-13 什么是安全车距？／141
6-14 安全车距预警模型主要有哪些？／141
6-15 什么是车道偏离预警系统？／143
6-16 车道偏离预警系统由哪几部分组成？／144
6-17 车道偏离预警系统的工作原理是怎样的？／144
6-18 车道偏离常用预警算法有哪些？／145
6-19 汽车视野盲区有哪些？／147
6-20 什么是盲区监测系统？／147
6-21 盲区监测系统由哪几部分组成？／148
6-22 盲区监测系统的工作原理是怎样的？／148
6-23 什么是变道辅助系统？／149

目录

6-24 什么是驾驶员疲劳预警系统？ / 150
6-25 驾驶员疲劳预警系统由哪几部分组成？ / 150
6-26 驾驶员疲劳检测方法有哪些？ / 151
6-27 什么是车道保持辅助系统？ / 152
6-28 车道保持辅助系统由哪几部分组成？ / 153
6-29 车道保持辅助系统的工作原理是怎样的？ / 153
6-30 什么是自动刹车辅助系统？ / 154
6-31 自动刹车辅助系统由哪几部分组成？ / 155
6-32 自动刹车辅助系统的工作原理是怎样的？ / 156
6-33 自动刹车辅助系统有哪些类型？ / 156
6-34 什么是汽车自适应巡航控制系统？ / 158
6-35 汽车自适应巡航控制系统由哪几部分组成？ / 159
6-36 汽车自适应巡航控制系统的工作原理是怎样的？ / 161
6-37 汽车自适应巡航控制系统有哪些工作模式？ / 162
6-38 什么是交通拥堵辅助系统？ / 163
6-39 什么是自动泊车辅助系统？ / 163
6-40 自动泊车辅助系统由哪几部分组成？ / 164
6-41 自动泊车辅助系统的工作原理是怎样的？ / 165
6-42 什么是全景泊车系统？ / 166
6-43 什么是汽车自适应前照明系统？ / 166
6-44 汽车自适应前照明系统由哪几部分组成？ / 167
6-45 汽车自适应前照明系统有哪些工作模式？ / 168
6-46 什么是汽车夜视辅助系统？ / 169
6-47 汽车夜视辅助系统由哪几部分组成？ / 170
6-48 汽车夜视辅助系统的工作原理是怎样的？ / 171
6-49 什么是汽车平视显示系统？ / 172
6-50 什么是车路协同控制？ / 172
6-51 什么是交叉路口辅助控制？ / 174
6-52 什么是协同式汽车列队行驶控制？ / 174
6-53 智能网联汽车自动驾驶包括哪些系统？ / 175
6-54 智能网联汽车自动驾驶的控制结构是怎样的？ / 176
6-55 辅助驾驶、自动驾驶和无人驾驶有什么区别？ / 177

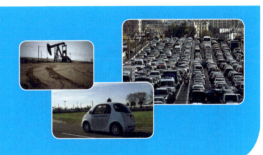

智能网联汽车概述

1-1 为什么要发展智能网联汽车?

目前,我国是世界第一汽车生产大国和第一新车销售市场,汽车保有量快速增长。到2025年,预计总保有量达到3亿辆,千人保有量达到210辆,如图1-1所示。

图1-1 我国汽车保有量

随着汽车保有量的增加,带来能源短缺、环境污染、交通拥堵和事故频发等社会问题,如图1-2所示。

智能网联汽车是解决这些社会问题的有效方案,代表着汽车行业未来的发展方向。智能网联汽车是新一轮科技革命背景下的新兴产品,可显著改善交通安全、实现节能减排、减缓交通拥堵、提高交通效率,并拉动汽车、电子、通信、服务、社会管理等行业协同发展,对促进汽车产业转型升级具有重大战略意义。因此,我国要发展智能网联汽车。

（a）能源短缺　　　　　　　　（b）环境污染

（c）交通拥堵　　　　　　　　（d）事故频发

图1-2　汽车快速增长引发的社会问题

1-2 汽车技术未来发展趋势是什么？

　　安全、节能、环保是汽车工业永恒的主题，围绕该主题，汽车技术未来发展趋势是底盘电动化、车身轻量化、整车智能化和交通网联化，如图1-3所示。

（a）底盘电动化　　　　　　　　（b）车身轻量化

（c）整车智能化　　　　　　　　（d）交通网联化

图1-3　汽车技术未来发展趋势

（1）底盘电动化　底盘电动化是指底盘动力采用纯电动、混合动力或燃料电池。

（2）车身轻量化　车身轻量化是指采用铝合金、碳纤维等轻质材料制作车身，可显著降低车身重量，提高经济性。

（3）整车智能化　整车智能化是指汽车安装先进的驾驶辅助系统（Advanced Driver Assistance Systems，ADAS），提高行驶安全性。

（4）交通网联化　交通网联化是指智能车辆与其他车辆、行人、道路基础设施之间进行信息交互，提高通行效率。

1-3 什么是智能汽车？

智能汽车是在一般汽车上增加先进的传感系统、决策系统、执行系统，通过车载环境感知系统和信息终端实现与车、路、人等的信息交互，使车辆具备智能环境感知能力，能够自动分析车辆行驶的安全及危险状态，并使车辆按照人的意愿到达目的地，最终达到替代人来操作的目的，如图1-4所示。智能汽车是智能交通的重要组成部分，未来的智能汽车已不单纯是一种交通运输工具，而是智能移动终端。

智能汽车分为自主式智能汽车和网联式智能汽车。自主式智能汽车是指采用车载传感器独立于其他车辆自动驾驶；网联式智能汽车是指与附近车辆及路侧设施通信，非自主式自动驾驶。自主式智能汽车和网联式智能汽车相融合即为智能网联汽车。

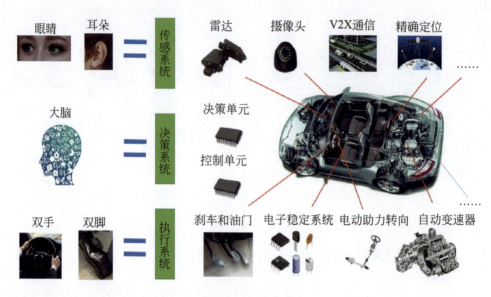

图1-4 智能汽车

1-4 什么是网联汽车?

网联汽车是指基于通信互联方式建立车与车之间的连接,车与网络中心和智能交通系统等服务中心的连接,甚至是车与住宅、办公室以及一些公共基础设施的连接,也就是可以实现车内网络与车外网络之间的信息交互,全面解决人-车-外部环境之间的信息交流问题。

网联汽车的初级阶段是以Telematics(车载信息技术)为代表。所谓Telematics是远距离通信技术(Telecommunications)与信息科学技术(Informatics)的合成词,意指通过内置在汽车上的计算机网络技术,借助无线通信技术、GPS卫星导航技术,实现文字、图像、语音信息交换的综合信息服务系统。

现阶段网联汽车的核心Telematics基于全球定位系统(Global Positioning System,GPS)技术、地理信息系统(Geographic Information System,GIS)技术、智能交通系统(Intelligent Transport System,ITS)技术和无线通信技术,主要应用于卫星定位导航、交通信息预报、娱乐信息播放、道路救援、车辆应急预警、车辆自检测与维护等,如图1-5所示。

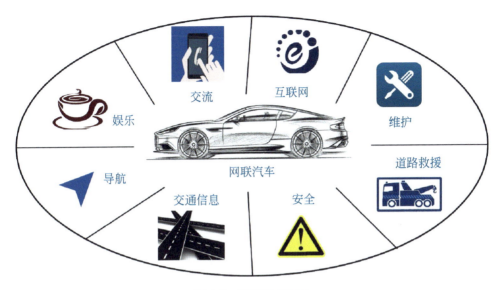

图 1-5　网联汽车应用

1-5 智能汽车的发展方向是什么?

　　智能汽车作为智能交通系统的重要组成部分,已经不单纯是一种交通运输工具,而是智能移动终端,其发展方向可以分为自动化和网联化两个方向,如图 1-6 所示。智能汽车的自动化程度越高,越接近于自动驾驶汽车;智能汽车的网联化程度越高,越接近于网联汽车;智能汽车的自动化、网联化程度越高,越接近于智能网联汽车。

　　智能汽车的终极发展目标是无人驾驶汽车。

图 1-6　智能汽车的发展方向

1-6 什么是车联网？

车联网（Internet of Vehicle，IOV）是指利用物联网、无线通信、卫星定位、云计算、语音识别等技术，建立的一张全面覆盖市民、车辆、交通基础设施、交通管理者、交通服务商等的快速通信网络，可实现智能信号控制、实时交通诱导、交通秩序管理、交通信息服务等一系列交通管理与服务应用，最终达到交通安全、行车高效、驾驶舒适、节能环保等目标，如图1-7所示。

图1-7　车联网

车联网是智能交通系统与互联网技术发展的融合产物，是物联网在智能交通领域的运用，是智能交通系统的重要组成部分。

1-7 车联网主要有哪些应用？

车联网主要面向道路交通，为交通管理者提供决策支持，为车辆与车辆、车辆与道路提供协同控制，为交通参与者提供信息服务，更多表现在汽车基于现实中的场景应用，主要涉及安全类、驾驶类、娱乐类和服务类的应用，如图1-8所示。

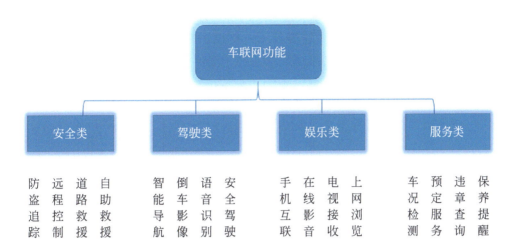

图 1-8　车联网的主要应用

1-8 什么是智能交通系统？

智能交通系统（Intelligent Traffic System，ITS）是指包含道路上的车辆、行人和各种交通设施，强调系统平台通过智能化方式对交通环境下的车辆、行人及交通设施进行智能化管理和控制，提高交通安全和效率，如图1-9所示。

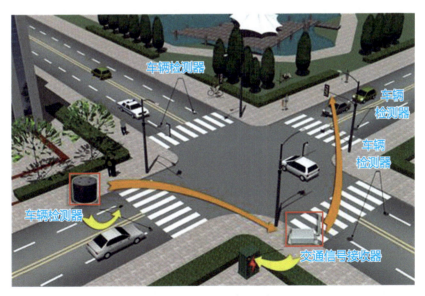

图 1-9　智能交通系统

智能交通系统是未来交通系统的发展方向，它是将先进的信息技术、计算机处理技术、数据通信技术、传感器技术、电子控制技术、运筹学、人工智能等有效地集成运用于整个地面交通管理系统而建立的一种在大范围内、全方位发挥作用的，实时、准确、高效的综合交通运输管理系统。智能交通系统是随着车联网技术的发展而不断发展的，车联网的终极目标就是智能交通系统。

1-9 什么是智能网联汽车？

　　智能网联汽车（Intelligent Connected Vehicle，ICV）是指搭载先进的车载传感器、控制器、执行器等装置，并融合现代通信与网络技术，实现V2X（X：车、路、行人、云端等）智能信息交互、共享，具备复杂环境感知、智能决策、协同控制等功能，可实现车辆安全、高效、舒适、节能行驶，并最终可实现替代人来操作的新一代汽车，如图1-10所示。

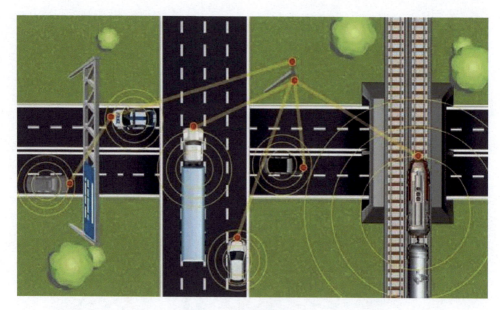

图1-10　智能网联汽车

　　智能网联汽车可以从3个维度进行剖析，即"智能""网联""汽车"。"智能"是指搭载先进的车载传感器、控制器、执行器等装置和车载系统模块，具备复杂环境感知、智能化决策和控制等功能；"网联"

主要指信息互联共享能力,即通过通信与网络技术,实现车辆内部、车辆与车辆、车辆与基础设施、车辆与行人、车辆与云端的信息交互;"汽车"是智能终端载体的外观形态,未来以新能源汽车为主。

智能网联汽车主要判断依据是是否存在V2V、V2I通信功能,如果不存在,则不是真正意义上的智能网联汽车。

1-10 什么是无人驾驶汽车?

无人驾驶汽车是通过车载环境感知系统感知道路环境、自动规划路径、识别行车路线,按照预定条件控制车辆到达预定地点的智能汽车,如图1-11所示。无人驾驶汽车是传感器、计算机、人工智能、无线通信、导航定位、模式识别、机器视觉、智能控制等多种先进技术融合的综合体。

图1-11 无人驾驶汽车

与智能汽车和智能网联汽车相比,无人驾驶汽车需要具有更先进的环境感知系统、中央决策系统以及底层执行系统。无人驾驶汽车能够实现完全自动的控制,全程检测交通环境,能够实现所有的驾驶目标。驾驶员只需提供目的地或者输入导航信息,在任何时候均不需要对汽车进行操作。智能汽车和智能网联汽车的终极目标就是无人驾驶汽车。

无人驾驶汽车要实现推广普及,不仅要解决技术、安全等硬件问题,还需要考虑法律监管、价格及消费者认可等软件问题。

1-11 无人驾驶汽车具有哪些价值?

无人驾驶汽车具有改善交通安全、实现节能减排、消除交通拥堵、移动能力更强、促进产业转型等价值,如图1-12所示。

图1-12 无人驾驶汽车的价值

(1) **改善交通安全** 驾驶员的过失是造成交通事故的主要因素,无人驾驶汽车不受人的心理和情绪干扰,不会产生驾驶疲劳,保证遵守交通法规,按照规划路线行驶,可以有效地减少人为疏忽所造成的交通事故。

(2) **实现节能减排** 无人驾驶汽车以电动汽车为主,实现节能减排;另外,通过合理调度实现共享出行,减少了汽车数量,将使温室气体排放量大幅降低。

(3) **消除交通拥堵** 无人驾驶汽车可以通过提高车速、缩小车距以及选择更有效路线来减少通行所消耗时间,提升社会出行效率。

(4) **移动能力更强** 个人移动能力更加便利,不再需要找停车场。

(5) **促进产业转型** 从政策层面看,国家已将发展车联网作为"互联网+"和人工智能在实体经济中应用的重要方面,并将智能网联汽车作为汽车产业重点转型方向之一,拉动汽车、电子、通信、服务、社会管理等协调发展。

1-12 智能网联汽车相关概念是什么关系？

智能汽车、智能网联汽车、无人驾驶汽车与车联网、智能交通系统之间的关系如图1-13所示，它们具有以下关系。

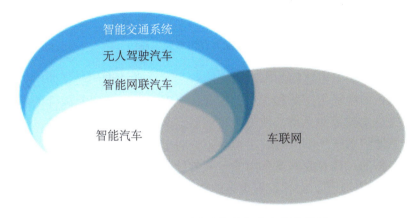

图1-13　智能网联汽车相关概念之间的关系

① 智能网联汽车是智能交通系统中的智能汽车与车联网交集的产品。

② 智能网联汽车是车联网的重要组成部分，智能网联汽车的技术进步和产业发展有利于支撑车联网的发展。

③ 车联网是智能网联汽车、智能汽车的最重要载体，只有充分利用互联技术才能保障智能网联汽车真正拥有充分的智能和互联。

④ 智能网联汽车的聚焦点是在车上，发展方向是自动驾驶，发展重点是提高汽车行驶安全性。

⑤ 车联网的聚焦点是建立一个比较大的交通体系，发展重点是给交通参与者提供信息服务，其终极目标是智能交通系统。

⑥ 智能汽车和智能网联汽车发展的终极目标是无人驾驶汽车。

1-13 智能网联汽车技术路线是怎样的？

智能网联汽车技术路线主要分为基于传感器的车载式技术路线和基于车辆互联的网联式技术路线，如图1-14所示。

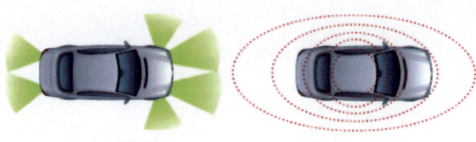

（a）车载式　　　　　　　　　（b）网联式

图1-14　智能网联汽车技术路线

（1）基于传感器的车载式技术路线　这类技术路线是使用先进的传感器，如视觉传感器和雷达，结合控制器、驱动器以及软件的组合，形成先进驾驶辅助系统，使得汽车能够监测和应对周围的环境。这种基于传感器的系统能够给驾驶员提供不同程度的辅助功能，但目前还无法提供完整的、具有成本竞争力的无人驾驶体验。主要原因是要创建车辆环境的360°视图，必须配置更多的传感器组合，成本较高。

（2）基于车辆互联的网联式技术路线　这类技术路线表现为互联网思维对传统汽车驾驶模式的变革，使用短距离无线通信技术来实现车辆与车辆（V2V）、车辆与道路基础设施（V2I）之间的实时通信，能充分发挥短距离无线通信快速部署、低延迟、高可靠等特点，对于主动安全应用尤其重要，但该方案对道路基础设施的要求较高。

车载式技术路线难以实现V2V、V2I之间的通信，大规模应用成本较高；网联式方案则受限于无法实现车辆与行人（V2P）之间的通信，需要较大的基础设施投资，因此两种方案均不能完全满足未来全工况无人驾驶的需要。对于智能网联汽车，车载式和网联式将走向技术融合，通过优势互补，提供安全性更好、自动化程度更高、使用成本更低的解决方案。实现这种技术融合需要更先进的定位技术、更高分辨率的地图自动生成技术、可靠而直观的人机交互界面以及相关标准、法规等。

1-14 智能网联汽车智能化是如何分级的？

我国把智能网联汽车智能化分为5个等级，1级为驾驶辅助（Driver Assistance，DA），2级为部分自动驾驶（Partially Autonomous，PA），3级为有条件自动驾驶（Conditional Autonomous，CA），4级为高度自动驾驶（Highiy Autonomous，HA），5级为完全自动驾驶（Fully Autonomous，FA），见表1-1。

表1-1 智能网联汽车智能化等级

智能化等级	等级名称		等级定义	控制	监视	失效应对	典型工况
1	驾驶辅助（DA）	驾驶员监控驾驶环境	系统根据环境信息对行驶方向和加减速中的一项操作提供支援，其他驾驶操作都由驾驶员完成	驾驶员与系统	驾驶员	驾驶员	车道内正常行驶；高速公路无车道干涉路段；泊车工况
2	部分自动驾驶（PA）		系统根据环境信息对行驶方向和加减速中的多项操作提供支援，其他驾驶操作都由驾驶员完成	驾驶员与系统	驾驶员	驾驶员	高速公路及市区无车道干涉路段；换道、环岛绕行、拥堵跟车等工况
3	有条件自动驾驶（CA）	自动驾驶系统监控驾驶环境	由自动驾驶系统完成所有驾驶操作，根据系统请求，驾驶员需要提供适当的干预	系统	系统	驾驶员	高速公路正常行驶工况；市区无车道干涉路段
4	高度自动驾驶（HA）		由自动驾驶系统完成所有驾驶操作，特定环境下系统会向驾驶员提出响应请求，驾驶员可以对系统请求不进行响应	系统	系统	系统	高速公路全部工况及市区有车道干涉路段
5	完全自动驾驶（FA）		自动驾驶系统可以完成驾驶员能够完成的所有道路环境下的操作，不需要驾驶员介入	系统	系统	系统	所有行驶工况

智能化等级越高，智能网联汽车自动化程度越高。目前，已经量产的汽车产品的智能化水平基本停留在1级和2级水平，部分实验室阶段的产品才能达到3级和4级水平，基本没有产品达到5级水平。

1-15 智能网联汽车网联化是如何分级的？

智能网联汽车网联化分为3个等级，1级是网联辅助信息交互，2级是网联协同感知，3级是网联协同决策与控制，见表1-2。

表1-2 智能网联汽车网联化等级

网联化等级	等级名称	等级定义	控制	典型信息	传输需求
1	网联辅助信息交互	基于车-路、车-云端通信，实现导航等辅助信息的获取以及车辆行驶数据与驾驶员操作等数据的上传	驾驶员	图、交通流量、交通标志、油耗里程、驾驶习惯等	传输实时性、可靠性要求较低
2	网联协同感知	基于车-车、车-路、车-人、车-云端通信，实时获取车辆周边交通环境信息，与车载传感器的感知信息融合，作为自车决策与控制系统的输入	驾驶员与系统	周边车辆、行人、非机动车位置，信号灯相位、道路预警等信息	传输实时性、可靠性要求较高
3	网联协同决策与控制	基于车-车、车-路、车-人、车-云端通信，实时并可靠获取车辆周边交通环境信息及车辆决策信息，车-车、车-路等各交通参与者之间信息进行交互融合，形成车-车、车-路等各交通参与者之间的协同决策与控制	驾驶员与系统	车-车、车-路之间的协同控制信息	传输实时性、可靠性要求最高

网联化等级越高，智能网联汽车网联化程度越高。目前，已经量产的汽车产品的网联化水平最高停留在1级水平，部分实验室阶段的产品才能达到2级，基本没有产品达到3级水平。

1-16 SAE对自动驾驶是如何分级的？

SAE（美国汽车工程师学会）对自动驾驶的分级见表1-3。

表1-3　SAE对自动驾驶的分级

分级		L0	L1	L2	L3	L4	L5
称呼		无自动化	驾驶支持	部分自动化	有条件自动化	高度自动化	完全自动化
定义		由驾驶员全权驾驶汽车，在行驶过程中可以得到警告	通过驾驶环境对转向盘和加减速中的一项操作提供支持，其余由驾驶员操作	通过驾驶环境对转向盘和加减速中的多项操作提供支持，其余由驾驶员操作	由无人驾驶系统完成所有的驾驶操作，根据系统要求，驾驶员提供适当的应答	由无人驾驶系统完成所有的驾驶操作，根据系统要求，驾驶员不一定提供所有的应答；限定道路和环境	由无人驾驶系统完成所有的驾驶操作，在可能的情况下，驾驶员接管；不限定道路和环境条件
主体	驾驶操作	驾驶员	驾驶员/系统	系统			
	周边监控	驾驶员			系统		
	支援	驾驶员				系统	
	系统作用域	无	部分				全域

自动驾驶系统通常是在L3～L5级，随着层级的提高，对系统的要求也随之提高。

从商业化的视角来看，L2级或L3级的自动驾驶技术，将来只会被用于有限的场合，而直接面向L4级甚至L5级的自动驾驶，才是未来最大的商业机会。

1-17 驾驶员对车辆控制权有哪几种形式？

驾驶员对车辆控制权分别是驾驶员拥有车辆全部控制权、驾驶员拥有车辆部分控制权、驾驶员不拥有车辆控制权，如图1-15所示。

驾驶员拥有车辆部分控制权时，根据车辆ADAS的配备和技术成熟程度，决定驾驶员拥有车辆控制权的多少，ADAS装备越多，技术越成熟，驾驶员拥有车辆控制权越少，车辆自动驾驶程度越高。

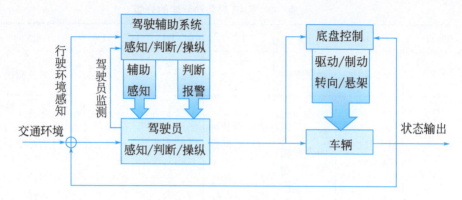

（a）驾驶员拥有车辆全部控制权

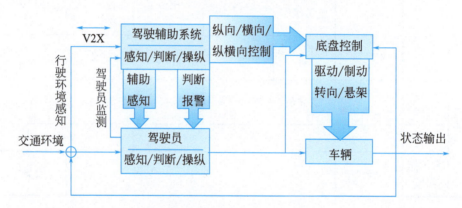

（b）驾驶员拥有车辆部分控制权

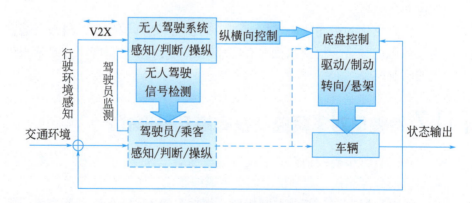

（c）驾驶员不拥有车辆控制权

图1-15 驾驶员对车辆控制权的形式

1-18 智能网联汽车的发展路径是什么?

智能网联汽车分为智能网联乘用车和智能网联商用车,它们的发展路径如图1-16所示。

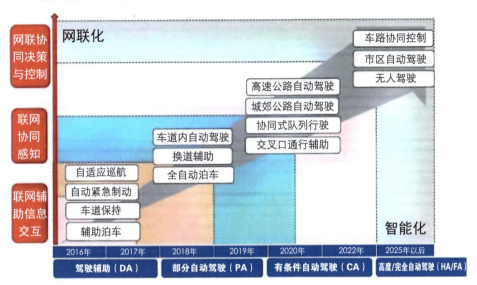

(a)智能网联乘用车的发展路径

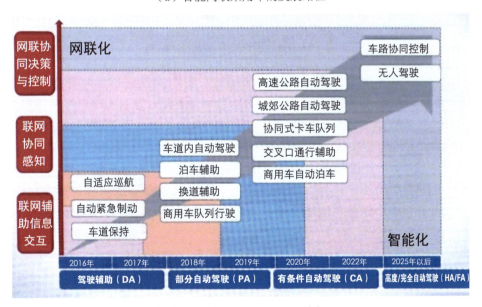

(b)智能网联商用车的发展路径

图1-16 智能网联汽车的发展路径

1-19 智能网联汽车系统层次结构是怎样的？

智能网联汽车系统主要由环境感知层、智能决策层以及控制和执行层组成，如图1-17所示。

图1-17 智能网联汽车系统层次结构

（1）环境感知层　环境感知层的主要功能是通过车载环境感知技术、卫星定位技术、4G/5G及V2X无线通信技术等，实现对车辆自身属性和车辆外在属性（如道路、车辆和行人等）静、动态信息的提取和收集，并向智能决策层输送信息。

（2）智能决策层　智能决策层的主要功能是接收环境感知层的信息并进行融合，对道路、车辆、行人、交通标志和交通信号等进行识别、决策分析和判断车辆驾驶模式及将要执行的操作，并向控制和执行层输送指令。

（3）控制和执行层　控制和执行层的主要功能是按照智能决策层的指令，对车辆进行操作和协同控制，并为联网汽车提供道路交通信息、安全信息、娱乐信息、救援信息以及商务办公、网上消费等，保障汽车安全行驶和舒适驾驶。

1-20 智能网联汽车应用前景是怎样的？

智能网联汽车在安全行驶、节能环保、商务办公、信息娱乐等方面有着广泛的应用前景。

（1）**安全行驶**　安全行驶是智能网联汽车最主要的功能，它是通过环境感知技术、无线通信技术和网络技术等对诸如交叉路口协助驾驶、车辆行车预警、道路危险预警、碰撞预警、交通信息提示等技术的综合采用来减少道路交通事故，保障安全行驶。

（2）**节能环保**　智能网联汽车是通过雷达、视觉传感器等提前预知交通控制信号、前向交通流、限速标识、道路坡度等，从而可提前通过车辆控制器实施经济型驾驶策略，最终达到车辆的节能与环保行驶。

（3）**商务办公**　智能网联汽车利用无线通信技术和网络技术，可以开展文件传输、视频对话、会议交流等，它必将成为"移动的办公室"。

（4）**信息娱乐**　智能网联汽车可以提供各种信息、娱乐、预约、应急服务等，其中信息包括车辆信息、路况信息、交通信息、导航信息、定位信息、气象信息、旅游信息、商场信息、活动信息等；娱乐包括下载音乐、电影和游戏等，供乘坐人员使用；预约包括活动预约、设施预约、餐厅预约、住宿预约、机票预约、保养预约等；应急服务包括道路救援、救护、消防、保险等。随着各种车载专用APP的开发，并通过智能手机和车载单元连接，实现信息互联。

如图1-18所示为智能网联汽车交叉路口的典型应用。交叉路口协助驾驶是智能网联汽车最典型的应用场景之一，它包括交通信号信息发布，通过V2I通信，向接近交叉路口的车辆发布相位和配时信息，判断自车在剩余绿灯时间内是否能安全通过交叉路口，提醒驾驶员不要危险驾驶，并协助驾驶员做出正确判断，控制车速，防止在交叉路口发生碰撞事故；盲点区域图像提供，通过V2I通信，向交叉路口准备停车或准备转弯的车辆提供盲点区域的图像，防止直角碰撞事故和由转弯车辆视距不足引起的事故；过往行人信息传递，通过V2I通信，向接近交叉路口的车辆发布人行道及其周围的行人、非机动车信息，防止事故发生；交叉路口车辆启停信息服务，在交叉路口，通过V2I通信，前车把启动信息及时传递给后车，减少后车起步等待时间，从而提升交叉路口通行能力。

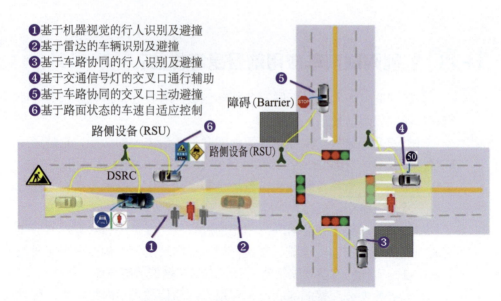

❶基于机器视觉的行人识别及避撞
❷基于雷达的车辆识别及避撞
❸基于车路协同的行人识别及避撞
❹基于交通信号灯的交叉口通行辅助
❺基于车路协同的交叉口主动避撞
❻基于路面状态的车速自适应控制

图 1-18　智能网联汽车交叉路口的典型应用

1-21 智能网联汽车技术逻辑结构是怎样的？

智能网联汽车技术逻辑结构由两条主线"信息感知"和"决策控制"组成，其发展的核心是由系统进行信息感知、决策预警和智能控制，逐渐替代驾驶员的驾驶任务，并最终完全自主执行全部驾驶任务，如图 1-19 所示。

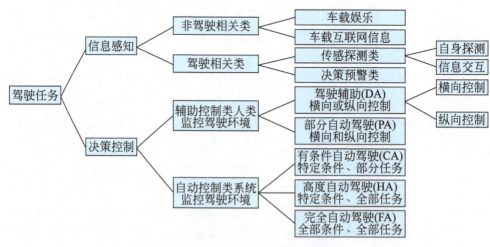

图 1-19　智能网联汽车技术逻辑结构

1-22 智能网联汽车技术架构是怎样的？

智能网联汽车技术架构为"三横两纵"式技术架构，如图1-20所示。"三横"是指智能网联汽车主要涉及的车辆/设施、信息交互与基础支撑三大领域技术，"两纵"是指支撑智能网联汽车发展的车载平台以及基础设施条件。

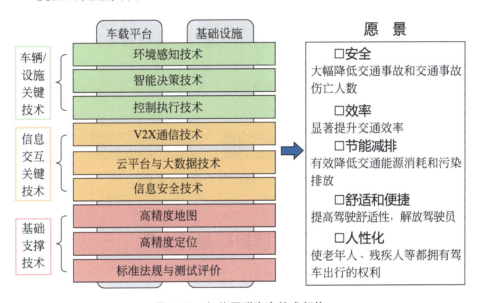

图1-20 智能网联汽车技术架构

通过智能网联汽车，最终达到安全、高效、节能减排、舒适和便捷、人性化出行。

1-23 智能网联汽车产品物理结构是怎样的？

智能网联汽车产品物理结构是把技术逻辑结构所涉及的各种"信息感知"与"决策控制"功能落实到物理载体上。车辆控制系统、车载终端、交通设施终端、外接终端等按照不同的用途，通过不同的网络通道、软件或平台对采集或接收到的信息进行传输、处理和执行，从而实现不同的功能或应用，如图1-21所示。

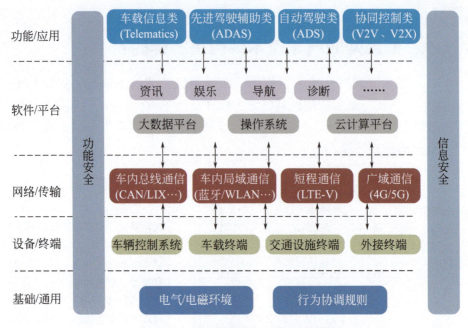

图1-21 智能网联汽车产品物理结构

1-24 智能网联汽车发展目标是什么？

智能网联汽车发展目标见表1-4。

表1-4 智能网联汽车发展目标

年份	建设内容	建设目标
2020年	顶层设计方面	初步形成以企业为主体、市场为导向、"政、产、学、研、用"紧密结合、跨产业协同发展的智能网联汽车自主创新体系
	标准体系和能力方面	初步建立智能网联汽车标准体系法规、自主研发体系、生产配套体系，掌握乘用车及商用车智能驾驶辅助系统关键技术，包括传感器、控制器关键技术，供应能力满足自主规模需求，产品质量达到国际先进水平，产品成本具有市场竞争力，制定我国智能网联汽车数据安全技术标准，缩小与发达国家的差距
	市场应用方面	汽车DA、PA、CA新车装配率超过50%，网联式驾驶辅助系统装配率达到10%，满足智能交通城市建设需要

续表

年份	建设内容	建设目标
2020年	社会效益方面	汽车交通事故减少30%，交通效率提升10%，油耗和排放分别降低5%
2025年	顶层设计方面	基本建成面向乘用车和商用车的自主智能网联汽车产业链与智慧交通体系
	标准体系和能力方面	建立较为完善的智能网联汽车标准体系法规、自主研发体系、生产配套体系及产业群，掌握自动驾驶系统关键技术，传感器、控制器达到国际先进水平，掌握执行器关键技术，产品质量与价格均具有较强的国际竞争力，拥有供应量在世界排名前十的供应商企业1家；实现汽车全生命周期的数字化、网络化、智能化，为汽车产业转型升级奠定基础，完成智能网联汽车的国家信息安全强制认证，在智能汽车领域具备竞争优势
	市场应用方面	汽车DA、PA、CA新车装配率达到80%，其中PA、CA级新车装配率达到25%，HA/FA级自动驾驶汽车开始进入市场
	社会效益方面	汽车交通事故数减少80%，普通道路的交通效率提升30%，油耗和排放分别降低20%
2030年	顶层设计方面	建立面向完善的自主智能网联汽车产业链与智能交通体系
	标准体系和能力方面	形成完善的自主智能网联汽车标准法规体系、研发体系和生产配套体系，我国品牌智能网联汽车以及核心零部件企业具备较强国际竞争力，实现产品大规模出口；建立完善的智能交通体系，智能汽车与智能道路间形成高效的协作发展模式
	市场应用方面	汽车DA及以上级别的智能驾驶系统成为新车标配，汽车联网率接近100%，HA/FA级别驾驶新车装配率达到10%
	社会效益方面	在部分区域初步形成"零伤亡、零拥堵"的智能交通体系，全国范围内交通事故率、拥堵时间与能耗排放均大幅度降低

1-25 智能网联汽车发展的重点产品是什么？

智能网联汽车发展的重点产品主要有基于网联的车载智能信息服务系统、驾驶辅助级智能汽车、部分或高度自动驾驶级智能汽车、完全自主驾驶级智能汽车、智慧出行用车等，如图**1-22**所示。

	基于网联的车载智能信息服务系统	驾驶辅助级智能汽车	部分或高度自动驾驶级智能汽车	完全自主驾驶级智能汽车	智慧出行用车
市场及其规模	部分实现V2X短程通信功能，信息化率80%	DA智能化率40%，自主率50%	HA智能化率20%，自主率40%	FA智能化率10%，自主率40%（到2030年）	普及PA，实现远程服务，信息化率100%，智能化率70%
整车技术水平		实现智能驾驶辅助，可提醒驾驶员、干预车辆，驾驶员对车辆保持持续控制	逐步实现半自动或高度自动驾驶，实现网联信息安全管理	实现自主驾驶，消除拥堵，综合能耗降低10%，减少排放20%，减少交通事故数80%，基本消除交通死亡	实现公交客车与出租车的智慧化管理
关键技术掌控	远程通信，V2X短程通信，人机交互	车载传感	网联智能管理和编队控制技术	人工智能、深度挖掘、自动控制技术及智能辅助设施	智慧城市和智慧交通体系

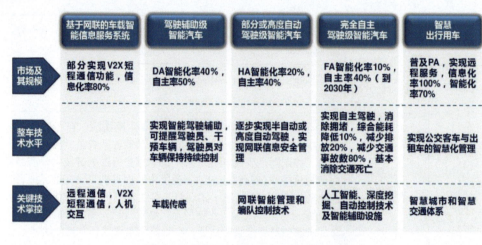

图 1-22　智能网联汽车发展的重点产品

1-26 智能网联汽车关键零部件有哪些?

智能网联汽车关键零部件主要有车载光学系统、车载雷达系统、高精度定位系统、车载互联终端、集成控制系统等，如图 1-23 所示。

车载光学系统

光学摄像头、夜视系统等，具备图像处理和视觉增强功能，性能与国际品牌相当并具有成本优势，自主市场份额占 80% 以上

车载雷达系统

中远距毫米波雷达、近距毫米波雷达、远距超声波雷达、激光雷达等，有效目标识别精度与国际品牌相当，并具有成本优势，自主市场份额占 40% 以上

高精度定位系统

基于北斗系统开发，实现自主突破，车载定位可达到亚米级精度，实现对 GPS 的逐步替代与升级，自主市场份额占 60% 以上

车载互联终端

车载信息娱乐系统自主份额达到 70%，远程通信模块自主份额达到 60%，近距通信模块自主份额超过 90%

集成控制系统

开发域控制器，实现对各子系统的精确控制及协调，并形成技术和成本优势，自主份额达到 50%

图 1-23　智能网联汽车关键零部件

1-27 智能网联汽车关键共性技术有哪些？

智能网联汽车关键共性技术主要有多源信息融合技术、车辆协同控制技术、数据安全及平台软件、人机交互及共驾技术、基础设施与技术法规等，如图 1-24 所示。

多源信息融合技术	突破环境感知与多传感器信息融合，V2X 通信模块集成，车载与互联信息融合技术
车辆协同控制技术	突破整车集成与协同控制技术
数据安全及平台软件	突破信息安全、系统健康智能监测技术，并搭建中国版车载嵌入式操作系统平台软件
人机交互与共驾技术	突破人机交互、人机共驾与失效补偿技术
基础设施与技术法规	形成中国版先进智能驾驶辅助、V2X 及多网融合的技术标准体系和测试评价方法，完善基于 V2X 通信标准体系的道路基础设施

图 1-24　智能网联汽车发展方向

1-28 智能网联汽车标准建设目标是什么？

智能网联汽车标准建设目标如图 1-25 所示。

图 1-25　智能网联汽车标准建设目标

到 2020 年，初步建立能够支撑驾驶辅助及低级别自动驾驶的智能网联汽车标准体系；制定 30 项以上智能网联汽车重点标准，促进智能化产品的全面普及与网联化技术的逐步应用。

到 2025 年，系统形成能够支撑高级别自动驾驶的智能网联汽车标准体系；制定 100 项以上智能网联汽车标准，促进智能网联汽车"智能化+网联化"融合发展，以及技术和产品的全面推广普及。

1-29 智能网联汽车标准体系包含哪些内容？

智能网联汽车标准体系包含"基础""通用规范""产品与技术应用""相关标准"4 个部分，同时根据各具体标准在内容范围、技术等级上的共性和区别，对 4 部分做进一步细分，形成内容完整、结构合理、界限清晰的 14 个子类，如图 1-26 所示。

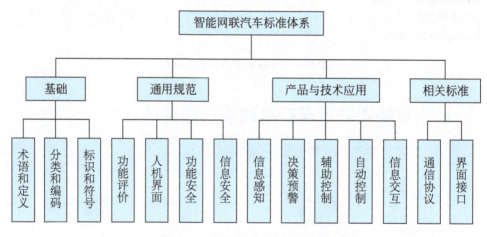

图 1-26　智能网联汽车标准体系

（1）**基础**　基础类标准主要包括智能网联汽车术语和定义、分类和编码、标识和符号 3 类基础标准。

（2）**通用规范**　通用规范类标准从整车层面提出全局性的要求和规范，主要包括功能评价、人机界面、功能安全和信息安全。

（3）**产品与技术应用**　产品与技术应用类标准主要涵盖信息感知、决策预警、辅助控制、自动控制和信息交互等智能网联汽车核心技术和应用的功能、性能要求及试验方法，但不限定具体的技术方案，以避免对未来技术创新发展和应用产生制约或障碍。

（4）相关标准　相关标准主要包括车辆信息通信的基础——通信协议，主要涵盖实现车与X（X表示车、路、行人及云端等）智能信息交互的中距离通信、短距离通信、广域通信等方面的协议规范；在各种物理层和不同的应用层之间，还包含软件和、硬件界面接口的标准规范。

1-30 智能网联汽车自动驾驶功能检测项目及测试场景是怎样的？

《智能网联汽车自动驾驶功能测试规程》提出了各检测项目对应测试场景、测试规程及通过条件。智能网联汽车自动驾驶功能检测项目及测试场景见表1-5。检测项目包括必测项目9项和选测项目5项；测试场景包括必测场景20个和选测场景14个。其中，对选测项目及场景，如企业声明其车辆具有相应功能或测试路段涉及相应场景的，也应进行相关项目的检测。

表1-5　智能网联汽车自动驾驶功能检测项目及测试场景

序号	检测项目	测试场景
1	交通标志和标线的识别及响应	限速标志识别及响应
		停车让行标志标线识别及响应
		车道线识别及响应
		人行横道线识别及响应
2	交通信号灯识别及响应*	机动车信号灯识别及响应
		方向指示信号灯识别及响应
3	前方车辆行驶状态识别及响应	车辆驶入识别及响应
		对向车辆借道本车道行驶识别及响应
4	障碍物识别及响应	障碍物测试
		误作用测试
5	行人和非机动车识别及避让*	行人横穿马路
		行人沿道路行走
		两轮车横穿马路
		两轮车沿道路骑行

续表

序号	检测项目	测试场景
6	跟车行驶	稳定跟车行驶
		停-走功能
7	靠路边停车	靠路边应急停车
		最右车道内靠边停车
8	超车	超车
9	并道	邻近车道无车辆并道
		邻近车道有车辆并道
		前方车道减少
10	交叉路口通行*	直行车辆冲突通行
		右转车辆冲突通行
		左转车辆冲突通行
11	环形路口通行*	环形路口通行
12	自动紧急制动	前车静止
		前车制动
		行人横穿
13	人工操作接管	人工操作接管
14	联网通信*	长直路段车-车通信
		长直路段车-路通信
		十字交叉口车-车通信
		编队行驶测试

注：*表示选测项目。

2 智能网联汽车环境感知技术

2-1 智能网联汽车环境感知系统的任务是什么？

智能网联汽车环境感知系统的任务是利用车载超声波传感器、毫米波雷达、激光雷达、视觉传感器以及V2X通信系统感知周围环境，包括行驶路径识别、周边物体识别、驾驶状态检测和驾驶环境检测等，为智能网联汽车提供决策依据，如图2-1所示。环境感知是ADAS实现的第一步。

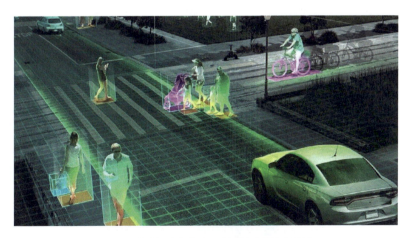

图2-1 智能网联汽车环境感知系统的任务

（1）行驶路径识别　结构化道路的行驶路径识别包括道路交通标线、行车道边缘线、路口导向线、导向车道线、人行横道线、道路出入口标线、道路隔离物识别等；非结构化道路的行驶路径识别主要是可行驶路径的确认。

(2)**周边物体识别** 周边物体识别主要包括车辆、行人、地面上可能影响车辆通过和安全行驶的其他各种移动或静止物体的识别；各种交通标志的识别；交通信号灯的识别。

(3)**驾驶状态检测** 驾驶状态检测主要包括驾驶员自身状态、主车自身行驶状态和周边车辆行驶状态的检测。

(4)**驾驶环境检测** 驾驶环境检测主要包括路面状况、道路交通拥堵情况、天气状况的检测。

2-2 智能网联汽车环境感知方法有哪些？

智能网联汽车环境感知方法主要有基于单一传感器的环境感知方法、基于自组织网络的环境感知方法和基于传感器信息融合的环境感知方法，如图2-2所示。

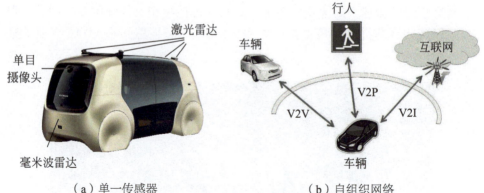

（a）单一传感器　　　　（b）自组织网络

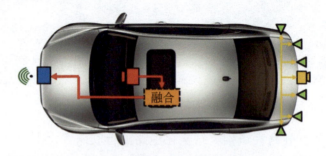

（c）传感器信息融合

图2-2 智能网联汽车环境感知方法

① 基于单一传感器的环境感知方法，如超声波传感器、毫米波雷达、激光雷达、视觉传感器等。

② 基于自组织网络的环境感知方法，如V2X通信系统。

③ 基于传感器信息融合的环境感知方法，如采用视觉传感器+毫米波雷达、视觉传感器+超声波传感器融合等。

2-3 智能网联汽车环境感知系统有哪些主要硬件？

智能网联汽车驾驶环境感知系统主要有超声波传感器、毫米波雷达、激光雷达、视觉传感器、GPS/北斗系统、惯性元件等，如图2-3所示。

图2-3 智能网联汽车环境感知系统硬件

目前智能网联汽车上采用的配置方案往往是多种型号或多种类型传感器的组合，其中最常用的传感器是超声波传感器、毫米波雷达、激光雷达、视觉传感器；最常用的组合是超声波传感器、毫米波雷达和视觉传感器的组合，以及短距离传感器和远距离传感器的组合。

2-4 智能网联汽车环境感知系统由哪几部分组成？

智能网联汽车环境感知系统由信息采集单元、信息处理单元和信息传输单元组成，如图2-4所示。

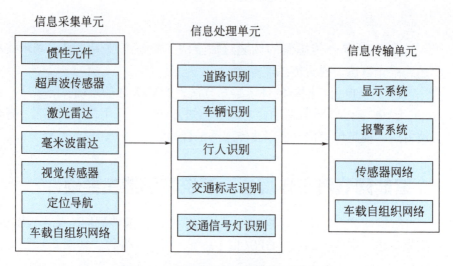

图2-4 智能网联汽车环境感知系统组成

（1）信息采集单元　对环境的感知和判断是智能网联汽车工作的前提及基础，感知系统获取周围环境和车辆信息的实时性与稳定性，直接关系到后续检测或识别准确性和执行有效性。

（2）信息处理单元　信息处理单元主要是对信息采集单元输送来的信号，通过一定的算法对道路、车辆、行人、交通标志、交通信号灯等进行识别。

（3）信息传输单元　信息处理单元对环境感知信号进行分析后，将信息送入传输单元，传输单元根据具体情况执行不同的操作，如分析信息后确定前方有障碍物，并且本车与障碍物车辆之间的距离小于安全车距，则将这些信息送入控制执行模块，控制执行模块结合本车速度、加速度、转向角等自动调整智能网联汽车的车速和方向，实现自动避障，在紧急情况下也可以自动刹车；信息传输单元把信息传输到传感器网络上，实行车辆内部资源共享；也可以把处理信息通过自组织网络传输给车辆周围的其他车辆，实现车辆与车辆之间信息共享。

2-5 什么是超声波传感器？

声音以波的形式传播称为声波。频率大于20000Hz的声波称为超声波，频率小于20Hz的声波称为次声波，频率在20～20000Hz之间的声波就是人能够听见的声波。

超声波传感器也称超声波雷达，它是利用超声波的特性研制而成的传感器,是在超声频率范围内将交变的电信号转换成声信号或者将外界声场中的声信号转换为电信号的能量转换器件。超声波传感器有一个发射头和一个接收头,安装在同一面上。在有效的检测距离内,发射头发射特定频率的超声波,遇到检测面反射部分超声波;接收头接收返回的超声波,由芯片记录声波的往返时间,并计算出距离值;超声波测距传感器可以通过模拟接口和IIC接口两种方式将数据传输给控制单元,如图2-5所示。

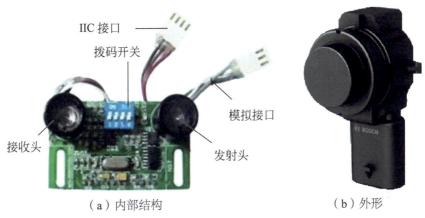

（a）内部结构　　　　　　　　　（b）外形

图2-5　超声波传感器

如图2-5（b）所示为博世公司生产的第6代超声波传感器,它将反应时间提高了1倍,能够对近距离物体实现检测和对突然出现的障碍物（如行人、变化的场景等）进行快速响应。

2-6 超声波传感器有什么特点?

超声波传感器具有以下特点。

① 超声波传感器有效探测距离一般在5～10m之间,但会有一个最小探测盲区,一般在几十毫米,如图2-6所示。

② 超声波对色彩、光照度不敏感,可适用于识别透明、半透明及漫反射差的物体。

③ 超声波对外界光线和电磁场不敏感,可用于黑暗、有灰尘或烟雾、电磁干扰强、有毒等恶劣环境中。

④ 超声波传感器结构简单,体积小,成本低,信息处理简单可靠,易于小型化与集成化,并且可以进行实时控制。

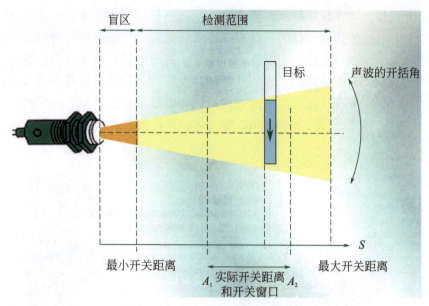

图2-6 超声波传感器有效探测距离

2-7 超声波传感器测距原理是怎样的？

超声波传感器测距原理如图2-7所示，超声波发射器发出的超声波脉冲，经媒质（空气）传到障碍物表面，反射后通过媒质（空气）传到接收器，测出超声脉冲从发射到接收所需的时间，根据媒质中的声速，求得从探头到障碍物表面之间的距离。设探头到障碍物表面的距离为 L，超声波在空气中的传播速度为 v（约为340m/s），从发射到接收所需的传播时间为 t，当发射器和接收器之间的距离远小于探头到障碍物之间的距离时，则有 $L = vt/2$。只要能测出传播时间，即可求出测量距离。

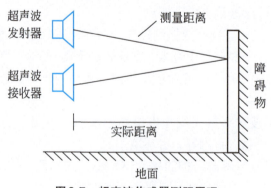

图2-7 超声波传感器测距原理

2-8 超声波传感器在智能网联汽车上有哪些应用？

超声波传感器在智能网联汽车中最常见的应用是自动泊车辅助系统，如图2-8所示。自动泊车辅助系统包含了8个前后PDC传感器（用于探测周围障碍物）和4个侧向PLA传感器（用于测量停车位的长度）。当驾驶员驾驶着汽车以30km/h以下速度行驶，且主车侧面与周围障碍物间距保持在0.5～1.5m时，PLA传感器会自动检测两侧外部空间，探测到的所有合适的空间都会被系统储存下来，按下换挡手柄右侧功能键便可在仪表板显示屏上显示此时的周围状态。如果空间足够泊车，驾驶员可以停车后挂入倒挡，并慢速倒车。系统会按照事先计算好的轨迹控制自动前轮转向，无须驾驶员操纵转向盘。在自动泊车完成之后，驾驶员还可以在前后PDC传感器的帮助下将车进一步停正。

图2-8 基于超声波传感器的自动泊车辅助系统

2-9 什么是毫米波雷达？

毫米波雷达是工作在毫米波频段的雷达，如图2-9所示。毫米波是指波长为1～10mm的电磁波，对应的频率范围为30～300GHz。毫米波雷达是ADAS核心传感器，主要用于自适应巡航控制系统、自动刹车辅助系统、盲区监测系统、行人检测等。

图2-9 毫米波雷达

毫米波位于微波与远红外波相交叠的波长范围，所以毫米波兼有这两种波谱的优点，同时也有自己独特的性质。根据波的传播理论，频率越高，波长越短，分辨率越高，穿透能力越强，但在传播过程的损耗也越大，传输距离越短；相对地，频率越低，波长越长，绕射能力越强，传输距离越远。所以与微波相比，毫米波的分辨率高、指向性好、抗干扰能力强和探测性能好。与红外波相比，毫米波的大气衰减小、对烟雾和灰尘具有更好的穿透性、受天气影响小。

2-10 毫米波雷达有什么特点？

毫米波雷达具有探测距离远、响应速度快、适应能力强等特点，如图2-10所示。

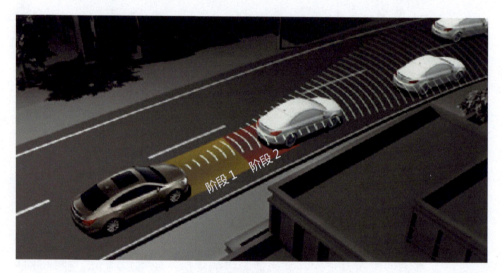

图2-10 毫米波雷达的特点

（1）**探测距离远** 毫米波雷达探测距离远，最远可达250m以上。

（2）**响应速度快** 毫米波的传播速度与光速一样，并且其调制简单，配合高速信号处理系统，可以快速地测量出目标的距离、速度、角度等信息。

（3）**适应能力强** 毫米波具有很强的穿透能力，在雨、雪、大雾等恶劣天气依然可以正常工作，而且不受颜色与温度的影响。

毫米波雷达的缺点是覆盖区域呈扇形，有盲点区域；无法识别道路标线、交通标志和交通信号灯。

2-11 毫米波雷达的工作过程是怎样的？

毫米波雷达工作过程如图2-11所示，它是通过天线向外发射毫米波，接收机接收目标反射信号，经信号处理器处理后快速准确地获取汽车周围的环境信息，如汽车与其他物体之间的相对距离、相对速度、角度、行驶方向等，然后根据所探知的物体信息进行目标追踪和识别，进而结合车身动态信息进行数据融合，最终通过中央处理单元（ECU）进行智能处理。经合理决策后，以声、光及触觉等多种方式告知或警告驾驶员，或及时对汽车做出主动干预，从而保证汽车行驶安全性和舒适性，减少事故发生率。

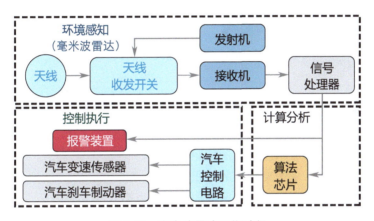

图2-11 毫米波雷达工作过程

2-12 毫米波雷达有哪些类型？

毫米波雷达可以按工作原理、探测距离和频段进行分类。

（1）按工作原理分类　毫米波雷达按工作原理的不同可以分为脉冲式毫米波雷达与调频式连续毫米波雷达两类。脉冲式毫米波雷达通过发射脉冲信号与接收脉冲信号之间的时间差来计算目标距离；调频式连续毫米波雷达是利用多普勒效应测量得出不同目标的距离和速度。脉冲方式测量原理简单，但由于受技术、元器件等方面的影响，实际应用中很难实现；目前，大多数车载毫米波雷达都采用调频式连续毫米波雷达。

（2）按探测距离分类　毫米波雷达按探测距离可分为近距离（SRR）、中距离（MRR）和远距离（LRR）三类。

(3）按频段分类 毫米波雷达按采用的毫米波频段不同，划分为24GHz、60GHz、77GHz和79GHz，主流可用频段为24GHz和77GHz，如图2-12所示。79GHz有可能是未来发展趋势。

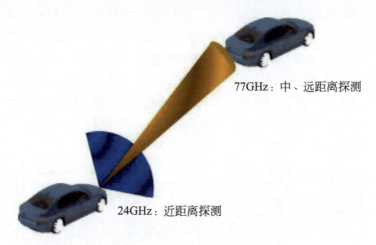

图2-12　24GHz和77GHz毫米波雷达

77GHz毫米波雷达与24GHz毫米波雷达相比具有以下不同。
① 77GHz毫米波雷达探测距离更远。
② 77GHz毫米波雷达的体积更小。
③ 77GHz毫米波雷达所需要的工艺更高。
④ 77GHz毫米波雷达的检测精度更好。
⑤ 相对于24GHz毫米波雷达的射频芯片，77GHz雷达射频芯片更不易获取。

2-13 毫米波雷达的测量原理是怎样的？

调频式连续毫米波雷达是利用多普勒效应进行测量而得出目标的距离和速度，它通过发射源向给定目标发射毫米波信号，并分析发射信号频率和反射信号频率之间的差值，精确测量出目标相对于雷达的运动速度等信息。

雷达调频器通过天线发射毫米波信号，发射信号遇到目标后，经目标的反射会产生回波信号，发射信号与回波信号相比形状相同，时间上存在差值；当目标与雷达信号发射源之间存在相对运行时，发射信号与回波信号之间除存在时间差外，还会产生多普勒频率，如图2-13所示。

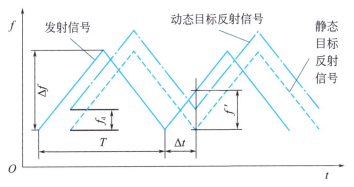

图 2-13　调频式连续毫米波雷达测量原理

毫米波雷达测量的距离和速度分别为

$$s = \frac{c\Delta t}{2} = \frac{cTf'}{4\Delta f}$$

$$u = \frac{cf_d}{2f_0}$$

式中，s 为相对距离；c 为光速；Δt 为发射信号与回波信号的时间间隔；T 为信号发射周期；f' 为发射信号与反射信号的频率差；Δf 为调频带宽；f_d 为多普勒频率；f_0 为发射信号的中心频率；u 为相对速度。

2-14 毫米波雷达目标识别流程是怎样的？

毫米波雷达目标识别是通过分析回波特征信息，采用数学手段，通过各种特征空间变换来抽取目标的特性参数，如大小、材质、形状等，并将抽取的特性参数与已建立的数据库中的目标特征参数进行比较、辨别、分类和识别，其目标识别流程如图 2-14 所示。

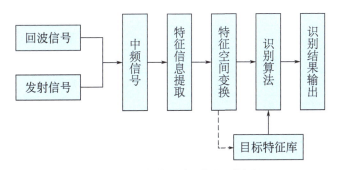

图 2-14　毫米波雷达目标识别流程

(1) **特征信息提取** 利用发射源与目标处于相对静止状态时的中频信号可以进行目标特征信息的提取,以有效进行目标识别。

(2) **特征空间变换** 特征空间变换是利用梅林变换、沃尔什变换、马氏距离线性变换等正交变换方法,解除不同目标特征间的相关性,加强不同目标特征间的可分离性,最终剔除冗余特征,达到减少计算量的目的。

(3) **识别算法** 识别算法主要有空目标去除、无效目标去除和静止目标去除。

(4) **目标特征库建立** 目标特征库的建立有3种方法:通过实际试验数据建立,通过半实物仿真数据建立,通过虚拟仿真数据建立。

(5) **识别结果输出** 把识别结果输出到有关的控制系统中,完成相应的控制功能。

2-15 毫米波雷达在智能网联汽车上有哪些应用?

毫米波雷达广泛应用于智能网联汽车的自适应巡航控制系统、前车防撞预警系统、自动刹车辅助系统、盲区监测系统、自动泊车辅助系统、变道辅助系统等先进驾驶辅助系统(ADAS)中,见表2-1。

表2-1 毫米波雷达在智能网联汽车上的应用

毫米波雷达类型		近距离雷达(SRR)	中距离雷达(MRR)	远距离雷达(LRR)
工作频段/GHz		24	77	77
探测距离/m		小于60	100左右	大于200
功能	自适应巡航控制系统		★(前方)	★(前方)
	前车防撞预警系统		★(前方)	★(前方)
	自动刹车辅助系统		★(前方)	★(前方)
	盲区监测系统	★(侧方)	★(侧方)	
	自动泊车辅助系统	★(前方)(后方)	★(侧方)	
	变道辅助系统	★(后方)	★(后方)	
	后碰撞预警系统	★(后方)	★(后方)	
	行人检测系统	★(前方)	★(前方)	
	驻车开门辅助系统	★(侧方)		

为了满足不同距离范围的探测需要，一辆汽车上会安装多颗近距离、中距离和远距离毫米波雷达。其中24GHz雷达系统主要实现近距离（SRR）探测，77GHz雷达系统主要实现中距离（MRR）和远距离（LRR）探测。不同的毫米波雷达在车辆前方、侧方和后方发挥不同的作用。

毫米波雷达在智能网联汽车ADAS中的应用如图2-15所示。例如自适应巡航控制需要3个毫米波雷达，车辆正中间一个77GHz的LRR，探测距离在150～250m之间，角度为10°左右；车辆两侧各一个24GHz的SRR，角度都为30°，探测距离在50～70m之间。

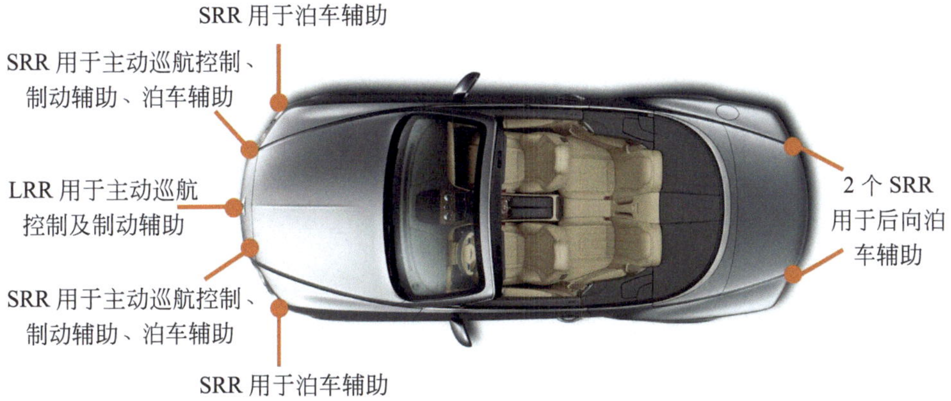

图2-15 毫米波雷达在智能网联汽车上的应用

2-16 毫米波雷达在智能网联汽车上如何布置？

毫米波雷达在智能网联汽车上的布置如图2-16所示，它分为正向毫米波雷达布置、侧向毫米波雷达布置和毫米波雷达布置高度。

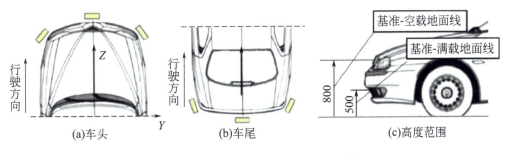

图2-16 毫米波雷达在智能网联汽车上的布置

(1)正向毫米波雷达布置　正向毫米波雷达一般布置在车辆中轴线，外露或隐藏在保险杠内部。雷达波束的中心平面要求与路面基本平行，考虑雷达系统误差、结构安装误差、车辆载荷变化后，需保证与路面夹角的最大偏差不超过5°。

另外，在某些特殊情况下，正向毫米波雷达无法布置在车辆中轴线上时，允许正Y向最大偏置距离为300mm，偏置距离过大会影响雷达的有效探测范围。

(2)侧向毫米波雷达布置　侧向毫米波雷达在车辆四角呈左右对称布置，前侧向毫米波雷达与车辆行驶方向成45°夹角，后侧向毫米波雷达与车辆行驶方向成30°夹角，雷达波束的中心平面与路面基本平行，角度最大偏差仍需控制在5°以内。

(3)毫米波雷达布置高度　毫米波雷达在Z方向探测角度一般只有±5°，雷达安装高度太高会导致下盲区增大，太低又会导致雷达波束射向地面，地面反射带来杂波干扰，影响雷达的判断。因此，毫米波雷达的布置高度（即地面到雷达模块中心点的距离），一般建议在500（满载状态）至800mm（空载状态）之间。

毫米波雷达在布置时，还需要兼顾考虑其他因素，如雷达区域外造型的美观性、对行人保护的影响、设计安装结构的可行性、雷达调试的便利性、售后维修成本等。

2-17 什么是激光雷达？

激光雷达是工作在光频波段的雷达，它利用光频波段的电磁波先向目标发射探测信号，然后将其接收到的同波信号与发射信号相比较，从而获得目标的位置(距离、方位和高度)、运动状态(速度、姿态)等信息，实现对目标的探测、跟踪和识别。

激光雷达根据安装位置的不同，分为两大类。一类安装在无人车的四周，另一类安装在无人车的车顶，如图2-17所示。安装在无人驾驶汽车四周的激光雷达，其激光线束一般小于8线，常见的有单线激光雷达和4线激光雷达；安装在无人驾驶汽车车顶的激光雷达，其激光线束一般不小于16线，常见的有16线/32线/64线激光雷达。

车载激光雷达普遍采用多个激光发射器和接收器，建立三维点云图，从而达到实时环境感知的目的。

图2-17 激光雷达

2-18 激光雷达有什么特点？

激光雷达具有分辨率高、探测范围广、信息量丰富、可全天候工作等特点，如图2-18所示。

图2-18 激光雷达的特点

（1）分辨率高 激光雷达可以获得极高的角度、距离和速度分辨率。通常激光雷达的角分辨率不低于0.1mard，也就是说可以分辨3km距离上相距0.3m的两个目标，并可同时跟踪多个目标；距离分辨率可达0.1m；速度分辨率能达到10m/s以内。

（2）探测范围广 探测距离可达300m以上。

（3）信息量丰富 可直接获取探测目标的距离、角度、反射强度、速度等信息，生成目标多维度图像。

（4）可全天候工作 激光主动探测，不依赖于外界光照条件或目标本身的辐射特性，它只需发射自己的激光束，通过探测发射激光束的回波信号来获取目标信息。

但是激光雷达的缺点是产品体积大，成本高，不能识别车道线和交通标志等。

2-19 激光雷达系统由哪几部分组成？

激光雷达是由激光发射系统、光电接收系统、信号采集处理系统、控制系统等组成，其组成如图2-19所示。

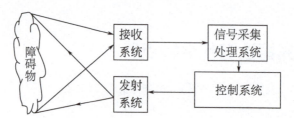

图2-19 激光雷达系统的组成

激光雷达发射系统主要负责向障碍物发出激光信号；接收系统主要负责接收经障碍物反射之后回来的激光信息；信号采集处理系统主要负责将接收回来的信号进行处理，使它能够符合下一级系统的要求，它是激光雷达系统最关键的环节，将直接影响激光雷达系统的测量精度；控制系统的主要作用是提供信号并且对接收回来的信号进行数据处理。

2-20 激光雷达测距原理是怎样的？

激光雷达测距的基本原理是通过测算激光发射信号与激光回波信号的往返时间，从而计算出目标的距离。首先，激光雷达发出激光束，激光束碰到障碍物后被反射回来，被激光接收系统进行接收和处理，从而得知激光从发射至被反射回来并接收之间的时间，即激光的飞行时间，根据飞行时间，可以计算出障碍物的距离。根据所发射激光信号的不同形式，激光测距方式可分为脉冲法激光测距和相位法激光测距两大类，如图2-20所示。

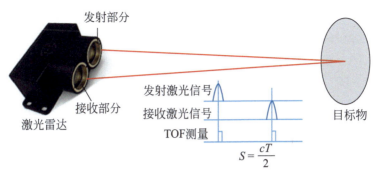

（a）脉冲法激光测距

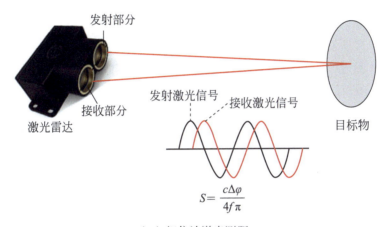

（b）相位法激光测距

图2-20 激光雷达测距原理

（1）脉冲法激光测距 脉冲法是通过激光雷达的发射器发出脉冲激光照射到障碍物后会有部分激光反射回来，由激光雷达的接收器接收。同时激光雷达内部可以记录发射和接收的飞行时间间隔，根据光速可以计算出要测量的距离。

（2）相位法激光测距 相位法由激光发射器发出强度调制的连续激光信号，照射到障碍物后反射回来，测量光束在往返中会产生相位的变化，通过计算激光信号在雷达与障碍物之间来回飞行产生的相位差，换算出障碍物的距离。

2-21 激光雷达有哪些类型？

激光雷达按有无机械旋转部件，可分为机械激光雷达、固态激光雷达和混合固态激光雷达。

（1）**机械激光雷达** 机械激光雷达带有控制激光发射角度的旋转部件，体积较大，价格昂贵，测量精度相对较高，一般置于汽车顶部。

（2）**固态激光雷达** 固态激光雷达则依靠电子部件来控制激光发射角度，无须机械旋转部件，故尺寸较小，可安装于车体内。

（3）**混合固态激光雷达** 混合固态激光雷达没有大体积旋转结构，采用固定激光光源，通过内部玻璃片旋转的方式改变激光光束方向，实现多角度检测的需要，并且采用嵌入式安装。

根据线束数量的多少，激光雷达又可分为单线束激光雷达与多线束激光雷达。

（1）**单线束激光雷达** 单线束激光雷达扫描一次只产生一条扫描线，其所获得的数据为2D数据，因此无法区别有关目标物体的3D信息。不过，由于单线束激光雷达具有测量速度快、数据处理量少等特点，多被应用于安全防护、地形测绘等领域。

（2）**多线束激光雷达** 多线束激光雷达扫描一次可产生多条扫描线，目前市场上多线束激光雷达产品包括4线束、8线束、16线束、32线束、64线束等，其细分可分为2.5D激光雷达及3D激光雷达。2.5D激光雷达与3D激光雷达最大的区别在于激光雷达垂直视野的范围，前者垂直视野范围一般不超过10°，而后者可达到30°甚至40°以上，这也就导致两者对于激光雷达在汽车上的安装位置要求有所不同。

如图2-21所示为机械激光雷达和固态激光雷达以及64线束、32线束和16线束的多线束激光雷达。

（a）机械激光雷达和固态激光雷达

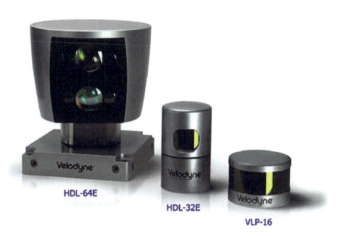

（b）多线束激光雷达

图 2-21　激光雷达的类型

2-22 激光雷达有哪些功能？

激光雷达具有高精度电子地图和定位、障碍物识别、可通行空间检测、障碍物轨迹预测等功能，如图 2-22 所示。

（a）高精度电子地图和定位

（b）障碍物识别

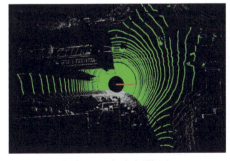

（c）可通行空间检测

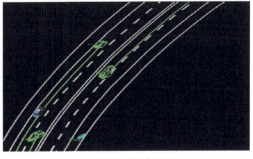

（d）障碍物轨迹预测

图 2-22　激光雷达的功能

（1）高精度电子地图和定位　利用多线束激光雷达的点云信息与车载组合惯导采集的信息，进行高精度电子地图制作。无人驾驶汽车利用激光点云信息与高精度电子地图匹配，以此实现高精度定位。

（2）障碍物识别　利用高精度电子地图限定感兴趣区域（ROI）后，根据障碍物特征和识别算法，进行障碍物检测与识别。

（3）可通行空间检测　利用高精度电子地图限定ROI后，可以对ROI内部（比如可行驶道路和交叉口）点云的高度及连续性信息判断点云处是否可通行。

（4）障碍物轨迹预测　根据激光雷达的感知数据与障碍物所在车道的拓扑关系（道路连接关系）进行障碍物的轨迹预测，以此作为无人驾驶汽车规划（避障、换道、超车等）的判断依据。

2-23 什么是视觉传感器？

视觉传感器主要由光源、镜头、图像传感器、模数转换器、图像处理器、图像存储器等组成，如图2-23所示，其主要功能是获取足够的机器视觉系统要处理的原始图像。把光源、摄像机、图像处理器、标准的控制与通信接口等集成一体的视觉传感器常称为一个智能图像采集与处理单元，如图2-24所示，内部程序存储器可存储图像处理算法，并能使用计算机，利用专用组态软件编制各种算法并下载到视觉传感器的程序存储器中，视觉传感器将计算机的灵活性、PLC的可靠性、分布式网络技术结合在一起，用这样的视觉传感器和PLC可以更容易地构成机器视觉系统。

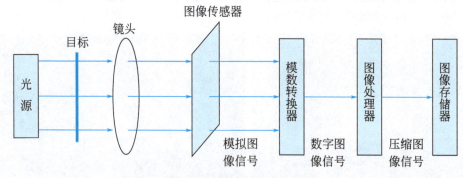

图2-23　视觉传感器的组成

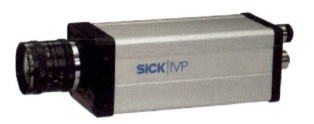

图 2-24　智能图像采集与处理单元

2-24 视觉传感器有什么特点？

视觉传感器具有以下特点。

① 视觉图像的信息量极为丰富，尤其是彩色图像，不仅包含视野内物体的距离信息，而且还有物体的颜色、纹理、深度和形状等信息。

② 在视野范围内可同时实现道路检测、车辆检测、行人检测、交通标志检测、交通信号灯检测等，信息获取面积大。当多辆智能网联汽车同时工作时，不会出现相互干扰的现象。

③ 视觉信息获取的是实时的场景图像，提供的信息不依赖于先验知识，比如GPS导航依赖地图信息，有较强的适应环境的能力。

④ 视觉传感器应用广泛，在智能网联汽车中可以前视、后视、侧视、内视等，如图2-25所示。以前视为例，夜视、车道偏离预警、碰撞

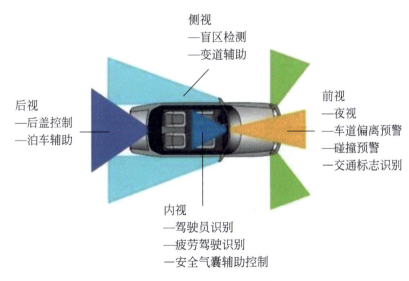

图 2-25　视觉传感器应用广泛

预警、交通标志识别等要求视觉系统在各种天气、路况条件下，能够清晰识别车道线、车辆、障碍物、交通标志等。

2-25 什么是CCD图像传感器和CMOS图像传感器？

CCD（Charge-coupled Device）中文全称为"电荷耦合元件"，常称为CCD图像传感器，主要由一个类似马赛克的网格、聚光镜片以及垫于最底下的电子线路矩阵所组成，其外形如图2-26所示。CCD是一种特殊的半导体器件，能够把光学影像转化为数字信号。CCD上植入的微小光敏物质称作像素。一块CCD上包含的像素数越多，其提供的画面分辨率也就越高。CCD的作用就像胶片一样，但它是把光信号转换成电荷信号。CCD上有许多排列整齐的光电二极管，能感应光线，并将光信号转变成电信号，经外部采样放大及模数转换电路转换成数字图像信号。由于CCD的体积小、成本低，所以广泛应用于扫描仪、数码照相机及数码摄像机中。目前大多数数码照相机采用的视觉传感器都是CCD。

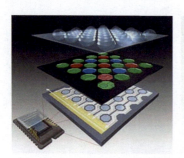

图2-26　CCD图像传感器的外形

CMOS（Complementary Metal-Oxide Semiconductor）中文全称为"互补性氧化金属半导体"，常称为CMOS图像传感器。它是利用CMOS工艺制造的图像传感器，主要利用了半导体的光电效应，和CCD的原理相同，其外形如图2-27所示。

图2-27　CMOS图像传感器的外形

2-26 视觉传感器有哪些类型?

视觉传感器在智能网联汽车上的应用是以摄像头方式出现的,一般分为单目摄像头、双目摄像头、三目摄像头和环视摄像头,如图2-28所示。

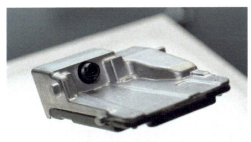

(a)单目摄像头　　　　　　(b)双目摄像头

(c)三目摄像头　　　　　　(d)环视摄像头

图2-28　视觉传感器类型

(1)**单目摄像头**　单目摄像头的优点是成本低廉,能够识别具体障碍物的种类,识别准确;缺点是由于其识别原理导致其无法识别没有明显轮廓的障碍物,工作准确率与外部光线条件有关,并且受限于数据库,没有自学习功能。

(2)**双目摄像头**　相比于单目摄像头,双目摄像头没有识别率的限制,无须先识别,可直接进行测量;直接利用视差计算距离,精度更高;无须维护样本数据库。

(3)**三目摄像头**　三目摄像头感知范围更大,但同时标定三个摄像头,工作量大。

(4)**环视摄像头**　环视摄像头一般至少包括4个摄像头,实现360°

环境感知。

随着摄像机技术的不断升级,视觉传感器对于外部环境的感知能力也在不断提升。

2-27 视觉传感器有哪些功能?

视觉传感器具有车道线识别、障碍物检测、交通标志和地面标志识别、交通信号灯识别、可行空间检测等功能,如图2-29所示。

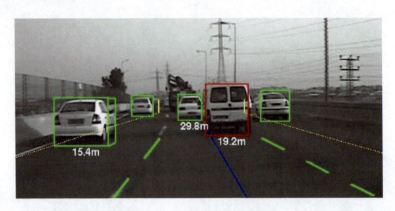

图2-29 视觉传感器的功能

(1)**车道线识别** 车道线是视觉传感器能够感知的最基本的信息,拥有车道线识别功能,即可实现高速公路的车道保持功能。

(2)**障碍物检测** 障碍物种类很多,如汽车、行人、自行车、动物等,有了障碍物信息,无人驾驶汽车即可完成车道内的跟车行驶。

(3)**交通标志和地面标志识别** 交通标志和地面标志可作为道路特征与高精度地图做匹配后,辅助定位,也可以基于这些感知结果进行地图的更新。

(4)**交通信号灯识别** 交通信号灯状态的感知能力对于城区行驶的无人驾驶汽车十分重要。

(5)**可通行空间检测** 可通行空间表示无人驾驶汽车可以正常行使的区域。

2-28 基于视觉传感器的环境感知流程是怎样的?

基于视觉传感器的环境感知流程如图2-30所示,一般包括图像采集、图像预处理、图像特征提取、图像模式识别、结果传输等,根据具体识别对象和采用的识别方法不同,环境感知流程也会略有差异。

图2-30　基于视觉传感器的环境感知流程

（1）**图像采集**　图像采集主要是通过摄像头采集图像,如果是模拟信号,要把模拟信号转换为数字信号,并把数字图像以一定格式表现出来。根据具体研究对象和应用场合,选择性价比高的摄像头。

（2）**图像预处理**　图像预处理包含的内容较多,有图像压缩、图像增强与复原、图像分割等,要根据具体实际情况进行选择。

（3）**图像特征提取**　为了完成图像中目标的识别,要在图像分割的基础上,提取需要的特征,并将这些特征计算、测量、分类,以便于计算机根据特征值进行图像分类和识别。

（4）**图像模式识别**　图像模式识别的方法很多,从图像模式识别提取的特征对象来看,图像识别方法可分为基于形状特征的识别技术、基于色彩特征的识别技术以及基于纹理特征的识别技术等。

（5）**结果传输**　通过环境感知系统识别出的信息,传输到车辆其他控制系统或者传输到车辆周围的其他车辆,完成相应的控制功能。

2-29 视觉传感器在智能网联汽车上有哪些应用?

视觉传感器是智能网联汽车实现众多预警、识别类ADAS功能的基础,见表2-2。

表2-2　视觉传感器在智能网联汽车上的应用

ADAS	使用摄像头	具体功能介绍
车道偏离预警系统	前视	当前视摄像头检测到车辆即将偏离车道线时发出警报
盲区监测系统	侧视	利用侧视摄像头将后视镜盲区的影像显示在后视镜或驾驶舱内
自动泊车辅助系统	后视	利用后视摄像头将车尾影像显示在驾驶舱内
全景泊车系统	前视、侧视、后视	利用图像拼接技术将摄像头采集的影像组成周边全景图
驾驶员疲劳预警系统	内置	利用内置摄像头检测驾驶员是否疲劳、闭眼等

续表

ADAS	使用摄像头	具体功能介绍
行人碰撞预警系统	前视	当前视摄像头检测到车辆与前方行人可能发生碰撞时发出警报
车道保持辅助系统	前视	当前视摄像头检测到车辆即将偏离车道线时通知控制中心发出指示,纠正行驶方向
交通标志识别系统	前视、侧视	利用前视、侧视摄像头识别前方和两侧的交通标志
前车防撞预警系统	前视	当前视摄像头检测到与前车距离小于安全车距时发出警报

根据不同ADAS功能的需要,摄像头的安装位置也有不同,主要分为前视、后视、侧视、环视以及内置,如图2-31所示。

图2-31 智能网联汽车摄像头安装位置

2-30 环境感知传感器各有何不同?

环境感知传感器主要有超声波传感器、毫米波雷达、激光雷达和视觉传感器等。超声波传感器主要用于短距离测距;毫米波雷达可以准确检测前方车辆的距离和速度,具备较强的穿透雾、烟、灰尘的能力;激光雷达通过点云来建立周边环境的3D模型,可以检测出包括车辆、行人、树木、路沿等细节;视觉传感器可以获得车道线、交通标志、交通信号等目标的颜色和形状等细节,从而进行细化识别。

超声波传感器、毫米波雷达、激光雷达和视觉传感器的比较见表2-3。

表2-3 环境感知传感器的比较

传感器类型	超声波传感器	毫米波雷达	激光雷达	视觉传感器
远距离探测	弱	强	强	较强
探测角度/(°)	120	10～70	15～360	30
夜间环境	强	强	强	弱
全天候	弱	强	强	弱
不良天气环境	一般	强	弱	弱
温度稳定性	弱	强	强	强
车速测量能力	一般	弱	强	弱
路标识别	×	×	×	√
主要应用	泊车辅助	自适应巡航控制系统、自动刹车辅助系统	实时建立车辆周边环境的三维模型	车道偏离预警、车道保持系统、盲区监测系统、前车防撞预警、交通标志识别、交通信号灯识别、全景泊车
成本	低	适中	高	适中

2-31 环境感知传感器在智能网联汽车上如何配置？

智能网联汽车环境感知传感器在智能网联汽车上的配置与自动驾驶级别有关，自动驾驶级别越高，配置的传感器越多。

典型智能网联汽车传感器基本配置见表2-4。

表2-4 典型智能网联汽车传感器基本配置

传感器	数量/个	最小感知范围	备注
环视摄像头（高清）	4	8m	● 前、侧向毫米波雷达信息处理策略有差异，不能互换 ● 毫米波雷达和激光雷达互为冗余 ● 不同供应商的传感器探测范围有差异，表中数据仅供参考
前视摄像头（单目）	1	50°/150m	
超声波传感器	12	5m	
侧向毫米波雷达（24GHz）	4	110°/60m	
前向毫米波雷达（77GHz）	1	15°/170m	
激光雷达	1	110°/100m	

随着汽车智能化和网联化的发展，智能网联汽车配备的先进传感器的数量将会逐渐增加，预计无人驾驶汽车将配备30个左右先进传感器。

2-32 什么是道路识别技术？

道路识别技术主要是车道线识别，如图2-32所示，它是通过对视觉传感器图像进行车道线检测和提取来获取道路上的车道线位置和方向，通过识别车道线，提供车辆在当前车道中的位置，帮助智能网联汽车提高行驶安全性。

图2-32　道路识别技术

2-33 道路识别流程是怎样的？

利用视觉传感器进行道路识别的流程主要是"原始图像采集→图像灰度化→图像滤波→图像二值化（图像边缘增强和图像边缘检测）→车道线提取"，如图2-33所示。

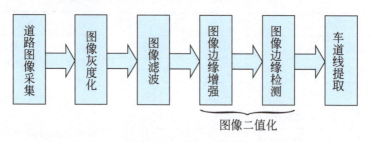

图2-33　道路识别流程

道路识别实例如图2-34所示。

（a）原始图像采集

（b）图像灰度化

（c）图像滤波

（d）图像二值化

（e）车道线提取

图2-34　道路识别实例

2-34 道路识别方法主要有哪些？

道路识别方法主要有基于区域分割的识别方法、基于道路特征的识别方法、基于道路模型的识别方法以及基于道路特征与模型相结合的识别方法。

（1）**基于区域分割的识别方法**　分割的依据一般是颜色特征或纹理特征。基于颜色特征的区域分割方法的依据是道路图像中道路部分的像素与非道路部分的像素的颜色存在显著差别。根据采集到的图像性质，颜色特征可以分为灰度特征和彩色特征两类。灰度特征来自灰度图像，可用的信息为亮度的大小。彩色特征除了亮度信息外，还包含色调和饱和度。基于颜色特征的车道检测的本质是彩色图像分割问题，主要涉及颜色空间的选择和采用的分割策略两个方面。

（2）**基于道路特征的识别方法**　基于道路特征的识别方法主要是结合道路图像的一些特征，如颜色、梯度、纹理等特征，从所获取的图像中识别出道路边界或车道标识线，适合于有明显边界特征的道路。

（3）**基于道路模型的识别方法**　基于道路模型的识别方法主要是基于不同的（2D或3D）道路图像模型，采用不同的检测技术（Hough变换、模板匹配技术、神经网络技术等）对道路边界或车道线进行识别。

（4）**基于道路特征与模型相结合的识别方法**　基于道路特征与模型相结合的识别方法的基本思想是利用基于道路特征的识别方法在对抗阴影、光照变化等方面的鲁棒性，对待处理图像进行分割，找出其中的道路区域，再根据道路区域与非道路区域的分割结果找出道路边界，并使用道路边界拟合道路模型，从而达到综合利用基于道路特征的识别方法与基于道路模型的识别方法的目的。

如图2-35所示为车道线识别结果。

图2-35　车道线识别结果

2-35 什么是车牌识别技术？

车牌识别系统集合了先进的光电、计算机视觉、信号处理、图像处理、模式识别、人工智能、远程数据访问等技术，利用摄像头对监控路面过往的每一辆机动车的特征图像和车辆全景图像进行实时记录，利用图像处理的分析方法，提取出车牌区域，进而对车牌区域进行字符分割和识别，如图2-36所示。

图2-36　车牌识别技术

2-36 车牌识别系统由哪几部分组成？

典型的停车场车牌识别系统组成如图2-37所示，它采用高清车牌识别摄像机、专用控制器、显示屏、快速闸机以及计算机软硬件等组成。

图2-37　典型的停车场车牌识别系统组成

2-37 车牌识别流程是怎样的？

车牌识别流程主要是"图像采集→视频车辆检测→车牌定位→字符分割→字符识别→结果输出"，如图2-38所示。

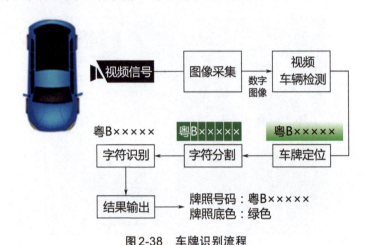

图2-38 车牌识别流程

2-38 车牌识别方法主要有哪些？

车牌识别实际上是字符识别，其识别方法主要有基于模板匹配的字符识别算法、基于特征统计匹配法、基于边缘检测和水平灰度变化特征的方法、基于颜色相似度及彩色边缘的算法等。

（1）基于模板匹配的字符识别算法　　模板匹配是一种经典的模式识别方法，是最直接的字符识别方法，其实现方式是计算输入模式与样本之间的相似性，取相似性最大的样本为输入模式所属类别。这种方法具有较快的识别速度，尤其对二值图像，速度更快，可以满足实时性要求。

（2）基于特征统计匹配法　　针对字符图像的特征提取的方法多种多样，有逐像素特征提取法、垂直方向数据统计特征提取法、基于网格的特征提取法、弧度梯度特征提取法等。这些特征对一般噪声不敏感，选取的特征能够反映出图像的局部细节特征，方法相对简单，然而在实际应用中，由于外部原因的存在常常会出现字符模糊、字符倾斜等情况，从而影响识别效果，当字符出现笔画融合、断裂、部分缺失时，此方法更加无能为力。因此，实际应用效果不理想，抗干扰性不强。

（3）基于边缘检测和水平灰度变化特征的方法　这类方法是使用最多的，其细分类也多，有用可变矩形模板进行检测搜索符合条件的车牌矩形区域的方法，有记录灰度水平跳变频度的方法，速度快，漏检率低，但误检率高。

（4）基于颜色相似度及彩色边缘的算法　此类方法一般利用颜色模型转换，结合先验知识，进行定位和判断，不受大小限制，精度较高；缺点是对图像品质要求高，对偏色、牌照褪色及背景色干扰等情况无能为力，一般也不独立使用。

如图2-39所示为车牌识别系统自动识别车牌号码。

图2-39　车牌识别系统自动识别车牌号码

2-39 车辆识别方法主要有哪些？

车辆识别方法主要有基于特征的识别方法、基于机器学习的识别方法、基于光流场的识别方法和基于模型的识别方法等。

（1）基于特征的识别方法　车辆的颜色、轮廓、对称性等特征都可以用来将车辆与周围背景区别开来。因此，基于特征的车辆检测方法就以这些车辆的外形特征为基础，从图像中检测前方行驶的车辆。常用的基于特征的方法主要有使用阴影特征的方法、使用边缘特征的方法、使用对称特征的方法、使用位置特征的方法和使用车辆尾灯特征的方法等。

（2）基于机器学习的识别方法　基于机器学习的识别方法一般需要从正样本集和负样本集提取目标特征，再训练出识别车辆区域与非车辆区域的决策边界，最后使用分类器判断目标。

（3）基于光流场的识别方法 光流场是指图像中所有像素点构成的一种二维瞬时速度场，其中的二维速度矢量是景物中可见点的三维速度矢量在成像表面的投影。通常光流场是由于摄像机、运动目标或两者在同时运动的过程中产生的。在存在独立运动目标的场景中，通过分析光流可以检测目标数量、目标运动速度、目标相对距离以及目标表面结构等。

（4）基于模型的识别方法 基于模型的识别方法是根据前方运动车辆的参数来建立二维或三维模型，然后利用指定的搜索算法来匹配查找前方车辆。

多传感器融合技术是未来车辆识别技术的发展方向。目前，在车辆识别中主要有两种融合技术，即视觉传感器和激光雷达的融合技术以及视觉传感器和毫米波雷达的融合。

如图2-40所示为车辆识别结果。

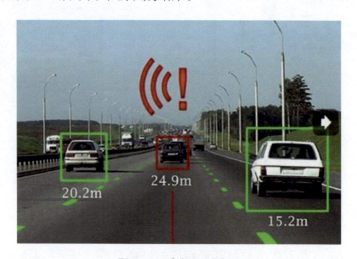

图2-40　车辆识别结果

2-40 什么是行人识别技术？

行人识别技术是采用安装在车辆前方的视觉传感器（摄像头）采集前方场景的图像信息，通过一系列复杂的算法分析处理这些图像信息实现对行人的识别，如图2-41所示。

行人识别是智能网联汽车先进驾驶辅助系统的重要组成部分。行人是道路交通的主体和主要参与者，由于其行为具有非常大的随意性，再

图 2-41 行人识别技术

加上驾驶员在车内视野变窄以及长时间驾驶导致的视觉疲劳，使得行人在交通事故中很容易受到伤害。行人识别的目的是能够及时准确地检测出车辆前方的行人，并根据不同危险级别提供不同的预警提示，如距离车辆越近的行人危险级别越高，提示音也应越急促，以保证驾驶员具有足够的反应时间，能够极大降低甚至避免撞人事故的发生。

2-41 行人识别系统由哪几部分组成？

行人识别系统由预处理、分类检测和决策报警三部分组成，如图2-42所示。

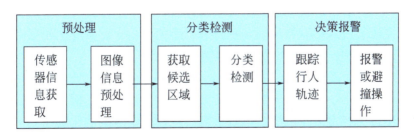

图 2-42 行人识别系统

（1）预处理　通过传感器获得车辆前方的图像信息，对这些信息做预处理，如降噪、增强等。

（2）分类检测　用图像分割、模型提取等一些图像处理技术在图像中选取一些感兴趣的区域，即行人的候选区域，然后对候选区域进行进一步的验证，用分类等技术方法判断候选区域中是否包含行人。

（3）**决策报警**　对含有行人的区域进行跟踪，得到行人的运动轨迹，提高检测精度和速度的同时，也能对行人是否会和车辆发生碰撞进行判断，对可能发生碰撞的情况，进行报警或者其他避免碰撞的操作。

2-42 行人识别方法主要有哪些？

行人识别方法主要有基于特征分类的行人识别方法、基于模型的行人识别方法、基于运动特性的行人识别方法、基于形状模型的行人识别方法、小波变换和支持向量机以及神经网络方法等。

（1）**基于特征分类的行人识别方法**　基于特征分类的行人识别方法着重于提取行人特征，然后通过特征匹配来识别行人目标，是目前较为主流的行人识别方法，主要有基于HOG特征的行人识别方法、基于Haar小波特征的行人识别方法、基于Edgelet特征的行人识别方法、基于形状轮廓模板特征的行人识别方法、基于部件特征的行人识别方法等。

（2）**基于模型的行人识别方法**　基于模型的行人识别方法是通过建立背景模型识别行人，常用的基于背景建模的行人识别方法有混合高斯法、核密度估计法和Codebook法。

（3）**基于运动特性的行人识别方法**　基于运动特性的行人识别方法就是利用人体运动的周期性特性来确定图像中的行人。该方法主要针对运动的行人，不适合识别静止的行人。在基于运动特性的行人识别方法中，比较典型的算法有背景差分法、帧间差分法和光流法。

（4）**基于形状模型的行人识别方法**　基于形状模型的行人识别方法主要依靠行人形状特征来识别行人，避免了由于背景变化和摄像机运动带来的影响，适合于识别运动和静止的行人。

（5）**小波变换和支持向量机**　行人检测主要是基于小波模板概念，按照图像中小波相关系数子集定义目标形状的小波模板。系统首先对图像中每个特定大小的窗口以及该窗口进行一定范围的比例缩放得到的窗口进行Harr小波变换，然后利用支持向量机检测变换的结果是否可以与小波模板匹配，如果匹配成功，则认为检测到一个行人。

（6）**神经网络方法**　神经网络方法在行人识别技术中的应用主要是对利用视觉信息探测到的可能含有行人区域进行分类识别。首先利用立体视觉进行目标区域分割，然后合并和分离子目标候选图像满足行人尺寸及形状约束的子图像，最后将所有探测到的可能含有行人目标的方框区域输入到神经网络进行行人识别。

如图2-43所示为行人识别结果。

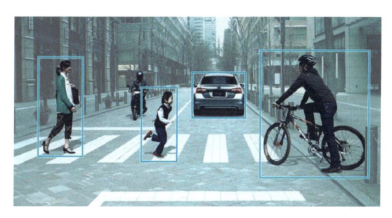

图 2-43　行人识别结果

2-43 交通标志有哪些主要特征？

我国交通标志主要有禁令标志、警告标志和指示标志，其特征如图2-44所示。

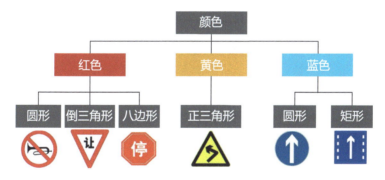

图 2-44　交通标志的主要特征

（1）**禁令标志**　禁令标志主要用来禁止或限制车辆、行人的交通行为及相应解除，道路使用者应严格遵守。禁令标志的颜色以红色为主，形状有圆形、倒三角形和正八边形。

（2）**警告标志**　警告标志主要用来警告车辆驾驶员、行人前方有危险，道路使用者行动需谨慎。警告标志的颜色为黄色，形状以三角形为主。

（3）指示标志 指示标志主要用来指示车辆、行人的行进。指示标志的颜色为蓝色，形状为圆形和矩形。

在交通标志的检测与识别过程中，应该充分利用这些颜色信息和形状信息，以及颜色与形状信息间的对应关系。

2-44 交通标志识别系统由哪几部分组成？

交通标志识别系统主要由图像/视频输入、交通标志检测、交通标志识别、识别结果输出、原始图像/视频数据库和训练样本数据库等组成，如图2-45所示。

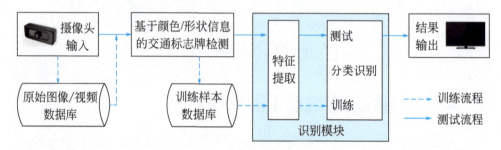

图2-45 交通标志识别系统

2-45 交通标志识别流程是怎样的？

利用视觉传感器进行交通标志识别的流程是"图像采集→图像预处理→图像分割检测→图像特征提取→图像识别"，如图2-46所示。

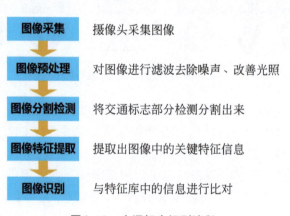

图2-46 交通标志识别流程

交通标志识别实例如图2-47所示。

（a）原始图像采集

（b）图像预处理

（c）图像分割检测

（d）图像特征提取

（e）交通标志识别

图2-47　交通标志识别实例

2-46 交通标志识别方法主要有哪些？

交通标志识别主要有基于颜色特征的交通标志识别、基于形状特征的交通标志识别、基于显著性的交通标志识别、基于特征提取和机器学习的交通标志识别等。

（1）基于颜色特征的交通标志识别　颜色分割就是利用交通标志特有的颜色特征，将交通标志与背景分离。基于颜色特征设计的交通标志识别算法对图像旋转、倾斜的情况具有较好的鲁棒性。采用的颜色模型包括RGB模型、HSI模型、HSV模型及XYZ模型等。

（2）基于形状特征的交通标志识别　除颜色特征外，形状特征也是交通标志的显著特征。我国警告标志、指示标志、禁令标志共131种，其中130种都有规则的形状：圆形、矩形、正三角形、倒三角形、正八边形。颜色检测和形状检测是交通标志识别中的重要内容。检测方法通常都以颜色分割做粗检测，排除大部分背景干扰；再提取二值图像各连通域的轮廓，进行形状特征的分析，进而确定交通标志候选区域并完成定位。

（3）基于显著性的交通标志识别　由于交通标志被设计成具有显眼的颜色和特定的形状，在一定程度上满足显著性的要求，可以采用显著性模型来识别交通标志。

（4）基于特征提取和机器学习的交通标志识别　基于特征提取和机器学习的交通标志识别一般使用滑动窗口的方式或者使用之前处理得到的感兴趣区域进行验证的方式。前者对全图或者交通标志可能出现的感兴趣区域操作，以多尺度的窗口滑动扫描目标区域，对得到的每一个窗口均用训练好的分类器判断是否是标志。后者则认为经过之前的处理，如颜色、形状分析等，得到的感兴趣区域已经是一个整体的标志或者干扰物，只需对其整体进行分类即可。

如图2-48所示为交通标志识别结果。

图2-48　交通标志识别结果

2-47 交通信号灯有哪些主要特征?

不同国家和地区采用的交通信号灯式样各不相同,在我国,交通信号灯的设置都必须遵循 GB 14887—2011《道路交通信号灯》和 GB 14886—2006《道路交通信号灯设置与安装规范》。

交通信号灯的特征如图 2-49 所示,从颜色来看,交通信号灯的颜色有红色、黄色、绿色三种颜色,而且三种颜色在交通信号灯中出现的位置都有一定的顺序关系;从安装方式来看,交通信号灯的安装方式有横放安装和竖放安装两种,一般安装在道路上方。

图 2-49　交通信号灯的特征

从功能来看,交通信号灯有机动车信号灯、非机动车信号灯、左转非机动车信号灯、人行横道信号灯、车道信号灯、方向指示信号灯、闪光警告信号灯、道口信号灯、掉头信号灯等。其中机动车信号灯、闪光警告信号灯、道口信号灯的光信号无图案;非机动车信号灯、左转非机动车信号灯、人行横道信号灯、车道信号灯、方向指示信号灯、掉头信号灯的光信号有各种图案。

2-48 交通信号灯识别系统由哪几部分组成?

交通信号灯识别系统主要由图像/视频输入、交通信号灯检测模块、交通信号灯状态识别模块、识别结果输出等组成,如图 2-50 所示。

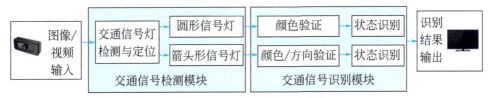

图 2-50　交通信号灯识别系统

2-49 交通信号灯识别流程是怎样的？

利用视觉传感器进行交通信号灯识别的流程是"**原始图像采集→图像灰度化→直方图均衡化→图像二值化→交通信号灯识别**"。交通信号灯识别实例如图2-51所示。

（a）原始图像采集

（b）图像灰度化

（c）直方图均衡化

（d）图像二值化

（e）交通信号灯识别

图2-51 交通信号灯识别实例

2-50 交通信号灯识别方法主要有哪些？

交通信号灯识别方法主要有基于颜色特征的识别方法和基于形状特征的识别方法。

（1）基于颜色特征的识别方法　基于颜色特征的交通信号灯识别方法主要是选取某个色彩空间对交通信号灯的红、黄、绿3种颜色进行描述。依据对色彩空间的不同，主要有基于RGB颜色空间的识别方法、基于HSI颜色空间的识别方法、基于HSV颜色空间的识别方法。

（2）基于形状特征的识别方法　基于形状特征的识别方法主要是利用交通信号灯和它的相关支撑物之间的几何信息。

也可以将交通信号灯的颜色特征和形状特征结合起来，以减少单独利用某一特征所带来的影响。

如图2-52所示为无人驾驶汽车自动识别交通信号灯通过十字路口场景。

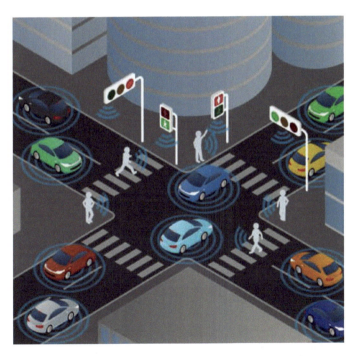

图2-52　无人驾驶汽车自动识别交通信号灯通过十字路口场景

3 智能网联汽车无线通信技术

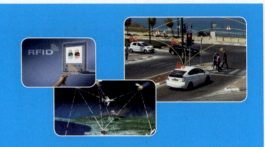

3-1 什么是无线通信技术？

无线通信技术就是不用导线、电缆、光纤等有线介质，而是利用电磁波信号在自由空间中传播的特性进行信息交换的一种通信方式，如图3-1所示。无线通信可以传输数据、图像、音频和视频等。

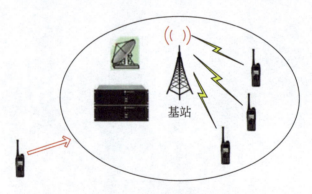

图3-1 无线通信技术

3-2 无线通信系统由哪几部分组成？

无线通信系统一般由发射设备、传输介质和接收设备组成，发射设备和接收设备上需要安装天线，完成电磁波的发射与接收，如图3-2所示。

（1）**发射设备** 发射设备是将原始的信号源转换成适合在给定传输介质上传输的信号，其中包括调制、频率变换、功率放大等。调制器将

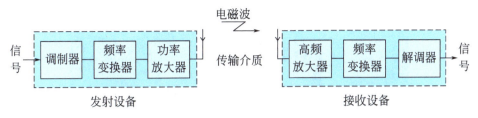

图 3-2　无线通信系统组成框图

低频信号加到高频载波信号上,频率变换器进一步将信号变换成发射电波所需要的频率,如短波频率、微波频率等,经功率放大器放大后,再通过天线发射出去进行传输。

（2）**传输介质**　传输介质为电磁波。

（3）**接收设备**　接收设备是将收到的信号还原成原来的信息送至接收端。接收设备把天线接收下来的射频载波信号,经过信号放大、频率变换,最后经过解调的过程再将原始信息恢复出来,完成无线通信。

3-3 无线通信主要有哪些类型?

无线通信可以按传输信号形式、无线终端状态、电磁波波长、传输方式和通信距离等进行分类。

（1）**根据传输信号形式分类**　根据传输信号形式的不同,无线通信可以分为模拟无线通信和数字无线通信。

（2）**根据无线终端状态分类**　根据无线终端状态的不同,无线通信可以分为固定无线通信和移动无线通信。

（3）**根据电磁波波长分类**　根据电磁波波长不同,无线通信可以分为长波无线通信、中波无线通信、短波无线通信、超短波无线通信、微波无线通信。

（4）**根据传输方式分类**　根据信道路径和传输方式的不同,无线通信可以分为红外通信、可见光通信、微波中继通信和卫星通信。

（5）**根据通信距离分类**　根据通信距离,无线通信系统可以分为短距离无线通信系统和远距离无线通信系统。

如图 3-3 所示为卫星通信系统,利用人造地球卫星作为中继站转发无线电信号,在两个或多个地面站之间进行的通信。地面站是指在地球表面（包括地面、海洋和大气中）的无线电通信站。

图 3-3　卫星通信系统

3-4 短距离无线通信技术有哪些?

短距离无线通信和远距离无线通信在传输距离上至今并没有严格的定义,一般来说,只要通信收发两端是以无线电方式传输信息,并且传输距离被限定在较短的范围内(一般是几厘米至几百米),就可以称为短距离无线通信,它具有低成本、低功耗和对等通信3个重要特征。短距离无线通信主要有以下技术。

① 蓝牙技术。

② ZigBee(紫蜂)技术。

③ Wi-Fi技术。

④ UWB(超宽带)技术。

⑤ 60GHz技术。

⑥ IrDA(红外)技术。

⑦ RFID(射频识别)技术。

⑧ NFC(近场通信)技术。

⑨ VLC(可见光)技术。

⑩ 专用短程通信技术。

⑪ LTE-V通信技术。

如图3-4所示为短距离无线通信技术应用场景。

图3-4　短距离无线通信技术应用场景

3-5 智能网联汽车V2X通信代表什么？

智能网联汽车V2X通信代表车辆与车辆通信（V2V）、车辆与基础设施通信（V2I）、车辆与行人通信（V2P）、车辆与应用平台通信（V2N），如图3-5所示。

图3-5　智能网联汽车V2X通信

（1）V2V　V2V是指不同车辆之间的通信，最典型的应用是用于车辆间防碰撞系统。

（2）V2I　V2I主要是指车辆与道路、交通灯、路障等基础设施之间的通信，用于获取交通灯信号时序、路障位置等道路管理信息。

（3）V2P　V2P是指车辆与行人或非机动车之间的通信，主要是提供安全警告。

（4）V2N　V2N主要是通过网络将车辆连接到应用平台或云端，能够使用应用平台或云端上的娱乐、导航等功能。

3-6 智能网联汽车V2X通信典型应用场景有哪些？

智能网联汽车V2X通信典型应用场景有追尾警告、超车碰撞警告、堵车排队警示、十字路口盲点提醒、弯道减速提醒、车间协作控制、路人警示、紧急车辆提示、泊车和充电寻找、交通灯时序和通行速度建议等，如图3-6所示。

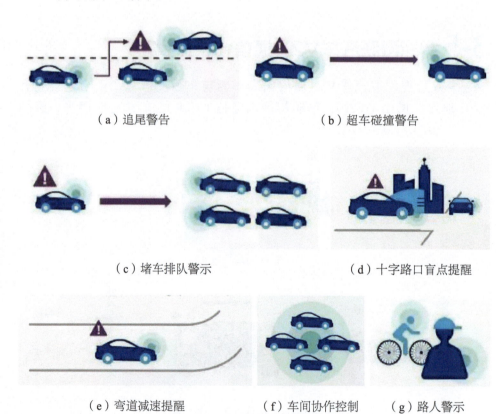

（a）追尾警告　　　　　　　　（b）超车碰撞警告

（c）堵车排队警示　　　　　　（d）十字路口盲点提醒

（e）弯道减速提醒　　（f）车间协作控制　　（g）路人警示

（h）紧急车辆提示　　　（i）泊车和充电寻找　　　（j）交通灯时序和通行速度建议

图3-6　智能网联汽车V2X通信典型应用场景

3-7 什么是蓝牙技术？

蓝牙是一种支持设备短距离通信的无线电技术，能在包括移动电话、掌上电脑、无线耳机、笔记本电脑、智能汽车、相关外设等众多设备之间进行无线信息交互，如图3-7所示。利用蓝牙技术能够有效地简化移动通信终端设备之间的通信，也能够简化设备与互联网之间的通信，从而使数据传输变得更加迅速高效，为无线通信拓宽道路。

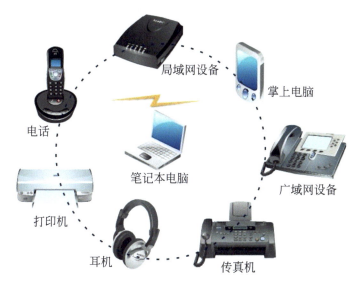

图3-7　蓝牙技术

蓝牙采用分散式网络结构以及快跳频和短包技术，支持点对点及点对多点通信，工作在全球通用的2.4GHz ISM（即工业、科学、医学）频段，采用时分双工传输方案实现全双工传输。

3-8 蓝牙技术有什么特点？

蓝牙技术具有以下特点。

① 全球范围适用。蓝牙工作在2.4GHz ISM频段，使用该频段无须向各国的无线电资源管理部门申请许可证，便可直接使用。

② 通信距离一般为10cm～10m，发射功率为100mW时可以达到100m。

③ 同时可传输语音和数据。蓝牙采用电路交换和分组交换技术，支持异步数据信道、三路语音信道以及异步数据与同步语音同时传输的信道。

④ 可以建立临时性的对等连接。根据蓝牙设备在网络中的角色，可将其分为主设备和从设备。主设备是组网连接主动发起连接请求的蓝牙设备，几个蓝牙设备连接成一个皮网时，其中只有一个主设备，其余都是从设备。皮网是蓝牙最基本的一种网络形式，最简单的皮网是一个主设备和一个从设备组成的点对点的通信连接。

⑤ 抗干扰能力强。蓝牙采用跳频方式来扩展频谱，蓝牙设备在某个频点发送数据之后，再跳到另一频点发送，而频点的排列顺序是伪随机的，每秒钟频率改变1600次，每个频率持续625μs。

⑥ 蓝牙模块体积很小，便于集成。

⑦ 功耗低。蓝牙设备在通信连接状态下，有4种工作模式，即激活模式、呼吸模式、保持模式和休眠模式。激活模式是正常的工作状态，另外3种模式是为了节能所规定的低功耗模式。

⑧ 接口标准开放。蓝牙技术联盟（SIG）为了推广蓝牙技术的应用，将蓝牙的技术标准全部公开，全世界范围内的任何单位和个人都可以进行蓝牙产品的开发，只要最终通过SIG的蓝牙产品兼容性测试，就可以推向市场。

⑨ 成本低。随着市场需求的扩大，各个供应商纷纷推出自己的蓝牙芯片和模块，蓝牙产品价格下降。

3-9 蓝牙技术在汽车上有哪些应用？

蓝牙技术在汽车上的应用主要有车载蓝牙电话、车载蓝牙音响、车载蓝牙导航、蓝牙后视镜、汽车虚拟钥匙、利用蓝牙技术获取车辆信息等，如图3-8所示。

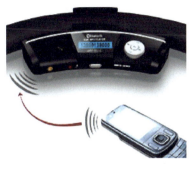
（a）车载蓝牙电话

（b）车载蓝牙音响

（c）车载蓝牙导航　　　　　　（d）蓝牙后视镜

（e）汽车虚拟钥匙

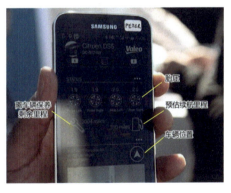
（f）利用蓝牙技术获取车辆信息

图 3-8　蓝牙技术在汽车上的应用

随着蓝牙技术的不断发展，蓝牙技术在汽车上的应用会越来越多。

3-10 什么是RFID技术？

RFID（Radio Frequency Identification，射频识别）技术也称为电子标签，是一种无线通信技术，可以通过无线电信号识别特定目标并读写相关数据，而无须识别系统与特定目标之间建立机械或者光学接触，所以，它是一种非接触式的自动识别技术，如图3-9所示。

图3-9 RFID技术

RFID技术中所衍生的产品有三类：无源RFID产品、有源RFID产品、半有源RFID产品。

3-11 RFID系统由哪几部分组成？

RFID系统主要由电子标签、读写器和天线等部分组成，如图3-10所示。

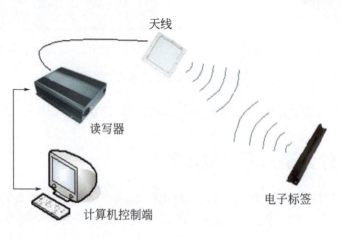

图3-10 RFID系统组成

（1）电子标签　每个电子标签都有一个全球唯一的ID号码——UID（用户身份证明），其在制作标签芯片时存放在ROM中，无法修改，其对物联网的发展有着很重要的影响。

（2）读写器　读写器是读取或写入电子标签信息的设备，可设计为手持式或固定式等多种工作方式。对电子标签进行识别、读取和写入操作，一般情况下会将收集到的数据信息传送到后台系统，由后台系统处理数据信息。

（3）天线　天线用于在电子标签和阅读器之间传递射频信号。

3-12 RFID技术有什么特点？

RFID技术具有以下特点。

（1）读取方便快捷　数据的读取无须光源，甚至可以透过外包装来进行。有效识别距离更大，采用自带电池的主动标签时，有效识别距离可达到30m以上。

（2）识别速度快　标签一进入磁场，读写器就可以即时读取其中的信息，而且能够同时处理多个标签，实现批量识别。

（3）数据容量大　数据容量最大的二维条形码，最多也只能存储2725个数字；若包含字母，存储量则会更少；RFID标签则可以根据用户的需要扩充到数万。

（4）穿透性和无屏障阅读　在被覆盖的情况下，RFID能够穿透纸张、木材和塑料等非金属或非透明的材质，并能够进行穿透性通信。

（5）使用寿命长，应用范围广　无线通信方式使其可以应用于粉尘、油污等高污染环境和放射性环境，而且其封闭式包装使得其寿命大大超过印刷的条形码。

（6）标签数据可动态更改　利用编程器可以向标签写入数据，从而赋予RFID标签交互式便携数据文件的功能，而且写入时间相比打印条形码更少。

（7）安全性好　不仅可以嵌入或附着在不同形状、类型的产品上，而且可以为标签数据的读写设置密码保护，从而具有更高的安全性。

（8）动态实时通信　标签以每秒50～100次的频率与读写器进行通信，所以只要RFID标签所附着的物体出现在解读器的有效识别范围内，就可以对其位置进行动态的追踪和监控。

3-13 RFID技术在汽车上有哪些应用？

RFID技术凭借其实时、准确地对高速移动目标的快速识别特性，将成为未来交通信息采集与监管的主要手段。RFID技术具有以下用途。

① 用于交通信息的采集，如采集机动车流量、车辆平均车速、道路拥堵状况。

② 智能交通控制，如交通信号优化控制、公交信号优化控制、特定区域出入管理。

③ 违章、违法行为检测。与视频监控、视频抓拍系统配合，通过RFID射频识别设备对过往车辆进行检测、抓拍和身份判别。

④ 电子不停车收费系统、无钥匙系统、汽车防伪查询等。

如图3-11所示为基于RFID技术的电子不停车收费系统。

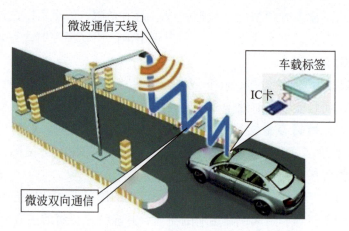

图3-11 基于RFID技术的电子不停车收费系统

3-14 什么是DSRC技术？

DSRC（Dedicated Short Range Communications，专用短程通信）技术是一种高效的短程无线通信技术，它可以实现在特定小区域内对高速运动下的移动目标的识别和双向通信，例如车辆与车辆（V2V）、车辆与基础设施（V2I）双向通信，实时传输图像、语音和数据信息，将车辆和道路有机连接。

DSRC通信系统的参考架构如图3-12所示。车辆与车辆之间以及车辆与路侧基础设施之间通过DSRC进行信息交互。

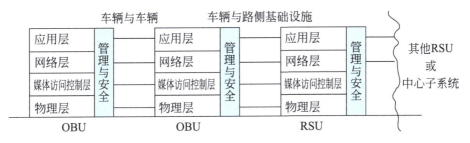

图3-12 DSRC通信系统的参考架构

DSRC通信系统包含物理层、媒体访问控制层（MAC）、网络层和应用层。

（1）**物理层** 物理层是建立、保持和释放专用短程通信网络数据传输通路的物理连接的层，位于协议栈的最底层。

（2）**媒体访问控制层** 媒体访问控制层是提供短程通信网络节点寻址及接入共享通信媒体的控制方式的层，位于物理层之上。

（3）**网络层** 网络层是实现网络拓扑控制、数据路由以及设备的数据传送和应用的通信服务手段的层，位于媒体访问控制层之上。

（4）**应用层** 应用层是向用户提供各类应用及服务手段的层，位于网络层之上。

车载单元的媒体访问控制层和物理层负责处理车辆与车辆之间、车辆与路侧基础设施之间的专用短程无线通信连接的建立、维护和信息传输；应用层和网络层负责把各种服务和应用信息传递到路侧基础设施及车载单元上，并通过车载子系统与用户进行交互；管理与安全功能覆盖专用短距离通信整个框架。

3-15 DSRC系统由哪几部分组成？

DSRC系统主要由车载单元（On-Board Unit，OBU）、路侧单元（Road-Side Unit，RSU)以及DSRC协议3部分组成，如图3-13所示。路侧单元通过有线光纤（Fiber）的方式连入互联网。白车代表V2V/V2I类安全业务，绿车代表Telematics（车载信息技术）广域业务。车与车之间的信息交换通过RSU和OBU之间通信实现，Telematics业务通过802.11p+RUS回程的方式实现。可以看到DSRC架构中需要部署大量的RSU才能较好地满足业务需要，建设成本较高。

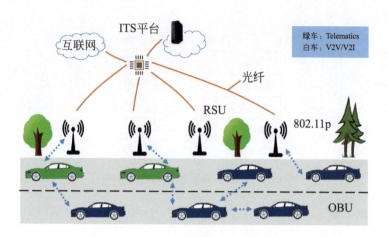

图3-13 DSRC系统

3-16 DSRC技术在智能网联汽车上有哪些应用？

DSRC技术在智能网联汽车上可实现V2X通信。DSRC的有效通信距离为数百米，车辆通过DSRC以每秒10次的频率，向路上其他车辆发送位置、车速、方向等信息；当车辆接收到其他车辆所发出的信号，在必要时（例如马路转角有其他车辆驶出，或前方车辆突然紧急刹车、变换车道）车内装置会以闪烁信号、语音提醒或是座椅、转向盘振动等方式提醒驾驶员注意，如图3-14所示。

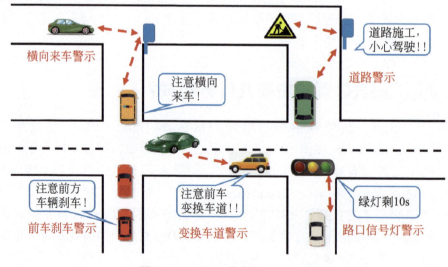

图3-14 DSRC技术用于V2X通信

3-17 什么是LTE-V技术？

LTE-V（Long Term Evolution-Vehicle，长期演进-V2X）是我国具有自主知识产权的V2X技术，是基于TD-LTE（Time Division-Long Term Evolution，分时长期演进）的ITS（Intelligent Transport System，智能交通系统）解决方案，属于LTE后续演进技术的重要应用分支。LTE-V按照全球统一规定的体系架构及其通信协议和数据交互标准，在车辆与车辆（V2V）、车辆与基础设施（V2I）、车辆与行人（V2P）之间组网，构建数据共享交互桥梁，助力实现智能化的动态信息服务、车辆安全驾驶、交通管控等，如图3-15所示。

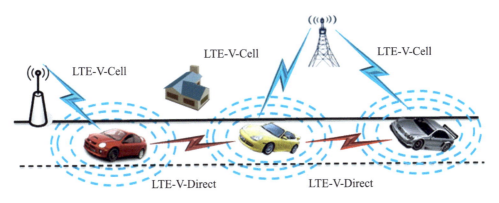

图3-15　LTE-V技术

3-18 LTE-V通信系统由哪几部分组成？

LTE-V系统由用户终端、路侧单元（RSU）和基站3部分组成，如图3-16所示。LTE-V针对车辆应用定义了两种通信方式，即蜂窝链路式（LTE-V-Cell）和短程直通链路式（LTE-V-Direct），其中LTE-V-Cell通过Uu接口承载传统的车联网Telematics业务，操作于传统的移动宽带授权频段；LTE-V-Direct通过PC5接口实现V2V、V2I直接通信，促进实现车辆安全行驶。在LTE-V-Direct通信模式下，车辆之间的信息交互基于广播方式，可采用终端直通模式，也可经由RSU来进行交互，大大减少了RSU需要的数量。

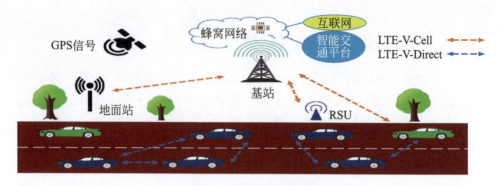

图 3-16 LTE-V 系统的组成

3-19 LTE-V 技术在智能网联汽车上有哪些应用？

LTE-V 技术能够满足智能交通多样化的应用需求，结合蜂窝和直通技术，全面支持智能网联汽车的行驶安全、信息娱乐、后台监控等多种业务，如图 3-17 所示。

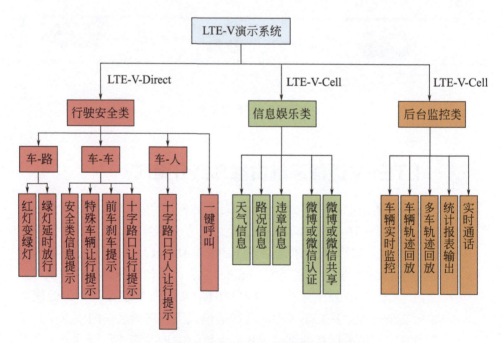

图 3-17 LET-V 技术在智能网联汽车上的应用

LET-V 技术在智能网联汽车上的应用场景如图 3-18 所示。

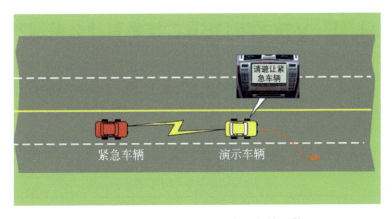

(a)基于车辆-车辆通信的紧急车辆接近警示

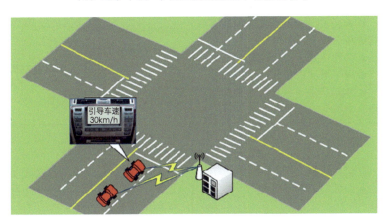

(b)基于交叉口交通信息的车辆安全通行

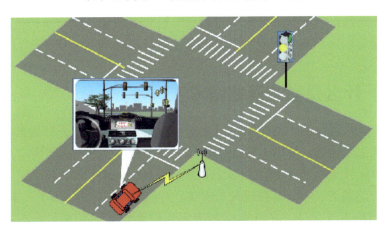

(c)基于车路协同的车辆引导控制

图3-18　LTE-V技术在智能网联汽车上的应用场景

3-20 LTE-V技术与DSRC技术有什么差别？

LTE-V是基于LTE的智能网联汽车协议，由3GPP主导制定规范，主要参与厂商包括华为、大唐电信、LG等；DSRC主要基于IEEE802.11p与IEEE1609系列标准，是一种专门用于V2V和V2I之间的通信标准，主要由美国、日本主导。

LTE-V技术与DSRC技术的比较见表3-1。

表3-1　LTE-V与DSRC技术的比较

特点	LTE-V技术	DSRC技术
优势	● 采用蜂窝技术，可管控 ● 充分利用基础设施，V2I实施有优势 ● 移动性好，安全性高 ● 可平滑演进至5G ● 电信产业（系统、芯片和运营商）支持	● 成熟度高，NXP等芯片商和大量汽车厂商已经接近 ● 可提高商用产品 ● 美国交通部大力推进，可能在美国强制安装 ● V2V应用场景较为成熟
劣势	● 尚未成熟 ● 跨部门协调难度大	● CSMA/CA机制存在隐藏节点、数据竞争碰撞问题 ● 5.9GHz频段穿透性、传输距离受限，且由于干扰原因，在我国商用可能受阻 ● 后续演进路线不明 ● V2I场景技术实施难度大

虽然目前没有国家政策明确我国的V2X政策将选择哪种技术，但业界普遍认为LTE-V将成为国内V2X通信标准。

3-21 什么是微波通信技术？

现代通信网中的传输手段主要有同轴电缆通信、光纤通信、微波通信和卫星通信，如图3-19所示。其中微波通信属于无线通信。

微波通信技术是使用波长在0.1～1000mm之间的电磁波——微波进行的通信技术，该波长段电磁波所对应的频率范围是0.3～3000GHz。与同轴电缆通信、光纤通信和卫星通信等现代通信网传输方式不同的是，微波通信是直接使用微波作为介质进行的通信，不需要固体介质，当两点间直线距离内无障碍时就可以使用微波传送。微波通信技术频率

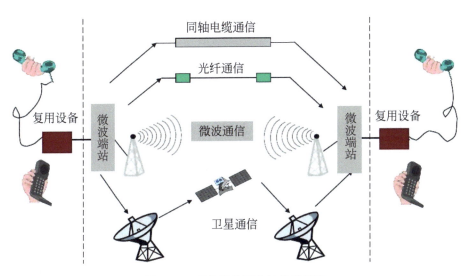

图 3-19　现代通信网中的传输手段

范围宽，通信容量大，传播相对较稳定，通信质量高，采用高增益天线时可实现强方向性通信，抗干扰能力强，可实施点对点、一点对多点或广播等形式的通信联络。它是现代通信网的主要传输方式之一，也是空间通信的主要方式。

3-22 什么是5G移动通信技术？

5G是第5代移动通信系统。5G是4G的延伸，是对现有无线接入技术（包括3G、4G和Wi-Fi）的技术演进，以及一些新增的补充性无线接入技术集成后解决方案的总称。图3-20可以形象地描述5G的传输速率。

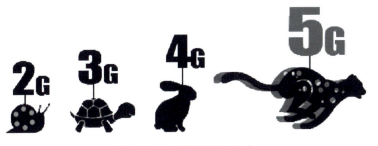

图 3-20　5G移动通信技术

5G网络将融合多类现有或未来的无线接入传输技术和功能网络，包括传统蜂窝网络、大规模多天线网络、认知无线网络、无线局域网、无线传感器网络、小型基站、可见光通信和设备直连通信等，并通过统一的核心网络进行管控，以提供超高速率和超低时延的用户体验及多场景的一致无缝服务。

3-23 5G移动通信技术主要有哪些应用场景？

5G的应用场景由相关地点和该地点发生的业务组成。5G应用场景主要包括移动互联网和移动物联网两大类，而移动互联网又可以抽象为低移动性高速率和高移动性广覆盖两个子类；移动物联网可以抽象为低功耗大连接和低时延高可靠性两个子类，如图3-21所示。

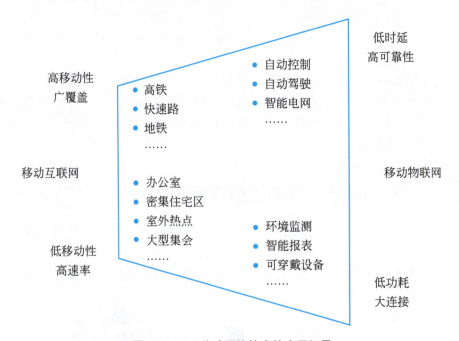

图3-21　5G移动通信技术的应用场景

① 低移动性高速率类应用场景主要包括办公室、密集住宅区、城市热点如CBD（中央商务区）、大型集会等，其对应的主要业务有高清视频、虚拟现实、增强现实以及云存储等，这些应用场景的主要挑战在于高速度、高连接密度等。

② 高移动性广覆盖类应用场景主要发生在高铁、高速路以及地铁等

对移动性要求较高的地点，其对应的主要业务有网页游览、实时在线游戏、云端办公等，主要挑战在于在一定移动性的前提下保持一定的体验速度。

③ 低功耗大连接类应用场景主要面向传感器类应用，包括环境监测、智能报表和可穿戴设备等方面，主要挑战在于连接数巨大且功耗要求低。

④ 低延时高可靠性类应用场景主要包括工业及医疗行业的自动控制类业务、交通行业的自动驾驶、智能电网等，主要挑战在于时延和移动性等方面的要求。

3-24 5G移动通信技术有什么特点？

5G移动通信技术具有以下特点。

（1）**高速度**　对于5G的基站峰值要求不低于20Gbit/s，用户可以每秒钟下载一部高清电影，也可能支持VR视频。高速度给未来对速度有很高要求的业务提供了机会和可能。

（2）**泛在网**　泛在网有两个层面的含义：一是广泛覆盖；二是纵深覆盖。

（3）**低功耗**　5G要支持大规模物联网应用，就必须要有功耗的要求。如果能把功耗降下来，让大部分物联网产品一周充一次电，甚至一个月充一次电，就能大大改善用户体验，促进物联网产品的快速普及。

（4）**低时延**　5G时延降低到1ms，5G的一个新场景是无人驾驶汽车，需要中央控制中心和汽车进行互联，车与车之间也应进行互联。在高速行驶中，需要在最短的时延中，把信息送到车上，进行制动与车控反应。

（5）**万物互联**　5G时代，终端不是按人来定义的，因为每个人、每个家庭都可能拥有数个终端。通信业对5G的愿景是每平方千米，可以支撑100万个移动终端。

（6）**重构安全**　在5G基础上建立的是智能互联网，智能互联网不仅要实现信息传输，还要建立起一个社会和生活的新机制与新体系。智能互联网的基本精神是安全、管理、高效、方便，这就需要重新构建安全体系。

5G将是一个万物互联的时代，其愿景如图3-22所示。

图 3-22　5G 的愿景

3-25 无人驾驶汽车为什么必须采用 5G 移动通信技术？

5G 移动通信技术不仅带来更快的传输速率和更高的网络带宽，也将带来超高可靠性和低延迟，并实现大规模机器间的相互通信。

无人驾驶汽车的大量应用将彻底改变城市交通管理的方式，城市将通过智能交通系统来实现最高效率的车流调度，最大限度利用交通运力。这就需要建立庞大的网络连接，而 4G 网络无法满足无人驾驶对海量数据的传输需求，5G 网络有望解决这个问题。5G 能够实现延迟低于 1ms，峰值传输速率高达 10Gbit/s。超低延迟和大数据文件的高速传输让 5G 能够实时地获取与周围环境的信息，支持 V2X 的应用，例如汽车可使用基于云端的人工智能和数据，并且与路上其他汽车和包括路灯在内的交通基础设施进行通信。因此，5G 移动通信技术将在无人驾驶汽车领域释放强大的潜力，必将推动无人驾驶汽车技术的快速发展。

如图 3-23 所示为面向无人驾驶汽车的 5G 架构，主要包括接入网、传输网、核心网和应用层。

（1）接入网　接入网包括终端设备和 5G 接入设备。终端设备指车的传感器网络、路的传感器网络和人的传感器网络。车的传感器网络提供关于车的状况信息和车外环境状况，可以用来增强安全和作为安全驾驶

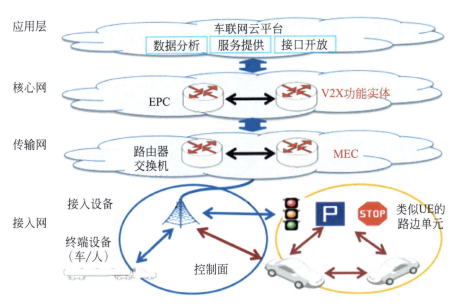

图 3-23　面向无人驾驶汽车的 5G 架构

的信息；路的传感器网络用于感知和传递路的状况信息；人的传感器网络用来感知交通行人周围环境的状况。接入设备主要负责对终端设备感知信息的无线发送和接收、空口无线资源管理、接入网侧移动性管理和空口通信的安全等。

（2）**传输网**　传输网为车与车（V2V）、车与路（V2I）、车与网（V2N）、车与人（V2P）等的信息传输提供传输通道，在功能和性能上保障实时性、可服务性。

（3）**核心网**　核心网是提供自动驾驶业务的网络，包括移动管理实体（MME）、归属用户服务器（HSS）和网关（X-GW），以及 V2X（代表 V2V 和 V2P 等）控制功能。

（4）**应用层**　自动驾驶云平台支持自动驾驶应用服务与大数据处理，用于分析计算路况、大规模车辆路径规划、智能交通调度等，实现对车辆数据的存储分发、维护、信息融合和中央决策、下发决策结果，负责应用服务器功能，单播与多播模式的选择，以及业务分发功能。

4 Chapter 智能网联汽车网络技术

4-1 智能网联汽车由哪些网络构成？

智能网联汽车主要包括3种网络，即以车内总线通信为基础的车内网络，也称为车载网络；以短距离无线通信为基础的车载自组织网络；以远距离通信为基础的车载移动互联网络。因此，智能网联汽车是融合车载网、车载自组织网和车载移动互联网的一体化网络系统，如图4-1所示。

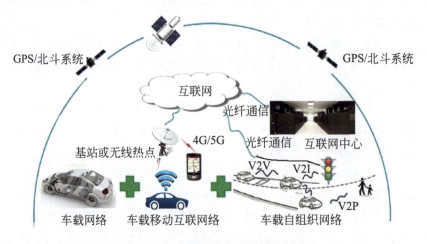

图4-1 智能网联汽车网络体系构成

（1）**车载网络** 车载网络是基于CAN、LIN、FlexRay、MOST、以太网等总线技术建立的标准化整车网络，实现车内各电器、电子单元间的状态信息和控制信号在车内网上的传输，使车辆具有状态感知、故障诊断和智能控制等功能。

（2）**车载自组织网络**　车载自组织网络是基于短距离无线通信技术自主构建的V2V、V2I、V2P之间的无线通信网络，实现V2V、V2I、V2P之间的信息传输，使车辆具有行驶环境感知、危险辨识、智能控制等功能，并能够实现V2V、V2I之间的协同控制。

（3）**车载移动互联网络**　车载移动互联网络是基于远距离通信技术构建的车辆与互联网之间连接的网络，实现车辆信息与各种服务信息在车载移动互联网上的传输，使智能网联汽车用户能够开展商务办公、信息娱乐服务等。

4-2 车载网络有哪些类型？

车载网络划分为5种类型，分别为A类低速网络、B类中速网络、C类高速网络、D类多媒体网络和E类安全应用网络。

（1）**A类低速网络**　A类低速网络传输速率一般小于10kbit/s，有多种通信协议，该类网络的主流协议是LIN（局域互联网络），主要用于电动门窗、电动座椅、车内照明系统和车外照明系统等。

（2）**B类中速网络**　B类中速网络传输速率在10～125kbit/s之间，对实时性要求不太高，主要面向独立模块之间数据共享的中速网络。该类网络的主流协议是低速CAN（控制器局域网络），主要用于故障诊断、空调、仪表显示等。

（3）**C类高速网络**　C类高速网络传输速率在125～1000kbit/s之间，对实时性要求高，主要面向高速、实时闭环控制的多路传输网。该类网络的主流协议是高速CAN、FlexRay等协议，主要用于牵引力控制、发动机控制、ABS、ASR、ESP、悬架控制等。

（4）**D类多媒体网络**　D类多媒体网络传输速率在250kbit/s～100Mbit/s之间，该类网络协议主要有MOST、以太网、蓝牙、ZigBee技术等，主要用于要求传输效率较高的多媒体系统、导航系统等。

（5）**E类安全网络**　E类安全网络传输速率为10Mbit/s，主要面向汽车安全系统的网络。

汽车车载网络结构示意如图4-2所示。

随着汽车智能化和网联化的发展，对网络宽带和传输速率的要求越来越高，车载网络类型会不断增加。智能网联汽车各种网络之间是一种相辅相成的配合关系，整车厂可以从实时性、可靠性、经济性等多方面出发，选择合适的网络配合使用，充分发挥各类网络技术的优势。

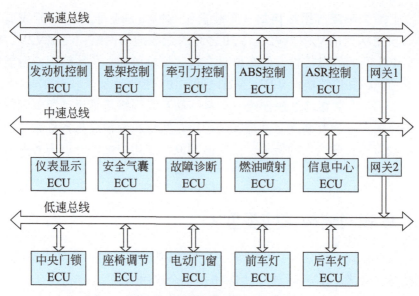

图4-2 汽车车载网络结构示意

4-3 车载网络有哪些总线技术？

车载网络主要有CAN、LIN、FlexRay、MOST、以太网等总线技术，如图4-3所示。该车载网络以高速以太网作为骨干，将动力总成、底盘控制、车身控制、娱乐、ADAS共5个核心域控制器连接在一起，各个域控制器在实现专用的控制功能的同时，还提供强大的网关功能。

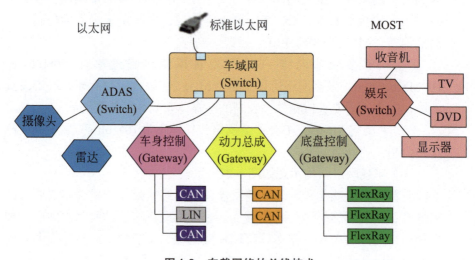

图4-3 车载网络的总线技术

（1）CAN总线　CAN是控制器局域网络（Controller Area Network）的英文缩写，是德国博世公司在1985年时为了解决汽车上众多测试仪器与控制单元之间的数据传输而开发的一种支持分布式控制的串行数据通信总线。目前，CAN总线已经是国际上应用最广泛的网络总线之一，它的数据信息传输速率最大为1Mbit/s，属于中速网络，通信距离（无需中继）最远可达10km。

（2）LIN总线　LIN是局部连接网络（Local Interconnect Network）的英文缩写，也被称为局域网子系统，是专门为汽车开发的一种低成本串行通信网络，用于实现汽车中的分布式电子系统控制。LIN网络的数据传输速率最大为20kbit/s，属于低速网络，媒体访问方式为单主多从，是一种辅助总线，辅助CAN总线工作。在不需要CAN总线的带宽和多功能的场合，使用LIN总线可大大降低成本。

（3）FlexRay总线　FlexRay是一种用于汽车的高速可确定性的、具备故障容错的总线系统。汽车中的控制器件、传感器和执行器之间的数据交换主要是通过CAN网络进行的。然而新的X-by-wire（线控技术）系统设计思想的出现，导致车辆系统对信息传送速度尤其是故障容错与时间确定性的需求不断增加。FlexRay通过在确定的时间槽中传送信息，以及在两个通道上的故障容错和冗余信息的传送，可以满足这些新增加的要求。

（4）MOST总线　MOST（多媒体定向系统传输）总线是使用光纤或双绞线作为传输介质的环形网络，可以同时传输音/视频流数据、异步数据和控制数据，支持高达150Mbit/s的传输速率。

（5）以太网　以太网是由美国施乐（Xerox）公司创建并由Xerox、英特（Intel）和DEC（数字装备）公司联合开发的基带局域网规范，是当今现有局域网采用的最通用的通信协议标准。以太网包括标准以太网（10Mbit/s）、快速以太网（100Mbit/s）、千兆以太网（1000Mbit/s）和万兆以太网（10Gbit/s）

4-4 CAN总线有什么特点？

CAN总线具有以下特点。

（1）多主控制　多主控制是指在总线空闲时，所有的单元都可以开始发送消息；最先访问总线的单元可获得发送权；多个单元同时开始发送时，发送高优先级ID（标识符）消息的单元可获得发送权。

(2）消息的发送　在CAN协议中，所有的消息都以固定的格式发送。总线空闲时，所有与总线相连的单元都可以开始发送新消息。两个以上的单元同时开始发送消息时，根据ID决定优先级。

　　(3）系统的柔软性　与总线相连的单元没有类似于"地址"的信息，因此在总线上增加单元时，连接在总线上的其他单元的软硬件及应用层都不需要改变。

　　(4）高速度和远距离　当通信距离小于40m时，CAN总线的传输速率可以达到1Mbit/s。通信速率与其通信距离成反比，当其通信距离达到10km时，其传输速率仍可以达到约5kbit/s。

　　(5）远程数据请求　可通过发送"遥控帧"请求其他单元发送数据。

　　(6）错误检测、错误通知、错误恢复功能　错误检测功能是指所有的单元都可以检测错误；错误通知功能是指正在发送消息的单元一旦检测出错误，会强制结束当前的发送，并立即同时通知其他所有单元；错误恢复功能是指强制结束发送的单元会不断反复地重新发送此消息，直到成功发送为止。

　　(7）故障封闭　CAN总线可以判断出错误的类型是总线上暂时的数据错误（如外部噪声等）还是持续的数据错误（如单元内部故障、驱动器故障、断线等）。根据此功能，当总线上发生持续的数据错误时，可将引起此故障的单元从总线上隔离出去。

　　(8）多单元连接　CAN总线可以同时连接多个单元，可连接的单元总数理论上是没有限制的，但实际上受总线上的时间延迟及电气负载的限制。降低传输速率，则可连接的单元数增加；提高传输速率，则可连接的单元数减少。

　　总之，CAN总线具有实时性强、可靠性高、传输速率快、结构简单、互操作性好、总线协议具有完善的错误处理机制、灵活性高和价格低廉等特点，在车载网络上已经得到广泛的应用。

4-5 举例说明CAN总线在汽车上有哪些应用？

　　汽车上的网络连接方式需采用两条CAN总线：一条用于驱动系统的高速CAN总线，速率达到500kbit/s；另一条用于车身系统的低速CAN总线，速率为100kbit/s。高速CAN总线主要连接发动机、自动变速器、ABS/ASR、ESP等对通信实时性有较高要求的系统；低速CAN总线主要连接灯光、电动车窗、自动空调及信息显示系统等，多为低速电动机和开关量器件，对实时性要求低而数量众多。不同速度的CAN网络之间通过网关连接。对汽车CAN总线上的信号进行采集时，需要确定所采集的信号处于哪个CAN网络中，以便于设置合适的CAN通道波特率。

如图4-4所示为CAN总线在汽车上的应用实例。

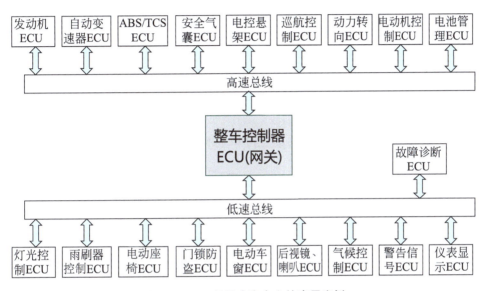

图4-4　CAN总线在汽车上的应用实例

4-6 LIN总线有什么特点？

LIN总线具有以下特点。

① LIN总线的通信是基于SCI数据格式，媒体访问采用单主节点、多从节点的方式，数据优先级由主节点决定，灵活性好。

② 一条LIN总线最多可以连接16个节点，共有64个标识符。

③ LIN总线采用低成本的单线连接，传输速率最高可达20kbit/s。

④ 不需要进行仲裁，同时在从节点中无需石英或陶瓷振荡器，只采用片内振荡器就可以实现自同步，从而降低了硬件成本。

⑤ 几乎所有的MCU（微控制单元）均具备LIN所需硬件，且实现费用较低。

⑥ 网络通信具有可预期性，信号传播时间可预先计算。

⑦ 通过主机节点可将LIN与上层网络（CAN）相连接，实现LIN的

子总线辅助通信功能，从而优化网络结构，提高网络效率和可靠性。

⑧ LIN总线通信距离最大不超过40m。

4-7 举例说明LIN总线在汽车上有哪些应用？

由于一个LIN网络通常由一个主节点、一个或多个从节点组成，所以LIN网络为主从式控制结构。各个LIN主节点是车身CAN总线上的节点，通过CAN总线连接成为低速车身CAN网络，并兼起CAN/LIN网关的作用。引入带CAN/LIN网关的混合网络有效地降低了主干网的总线负载率。LIN总线主要应用于车门、转向盘、座椅、空调系统、车灯、防盗系统等。

如图4-5所示为LIN总线在汽车上的应用实例。

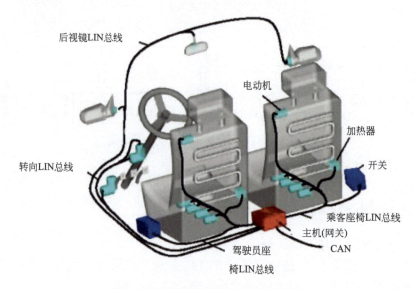

图4-5 LIN总线在汽车上的应用实例

4-8 FlexRay总线有什么特点？

FlexRay总线具有以下特点。

（1）**数据传输速率高** FlexRay网络最大传输速率可达到10Mbit/s，双通道总数据传输速率可达到20Mbit/s，因此，应用在车载网络上，FlexRay的网络带宽可以是CAN网络的20倍。

（2）可靠性好 具有冗余数据传输能力的总线系统使用两个相互独立的信道，每个信道都由一组双线导线组成。一个信道失灵时，该信道应传输的信息可在另一条没有发生故障的信道上传输。此外，总线监护器的存在进一步提高了通信的可靠性。

（3）确定性 确定性数据传输用于确保时间触发区域内的每条信息都能实现实时传输，即每条信息都能在规定时间内进行传输。

（4）灵活性 灵活性是FlexRay总线的突出特点，体现在以下方面：支持多种方式的网络拓扑结构，点对点连接、串级连接、主动星形连接、混合型连接等；信息长度可配置，可根据实际控制应用需求，为其设定相应的数据载荷长度；双通道拓扑既可用于增加带宽，也可用于传输冗余的信息；周期内静态、动态信息传输部分的时间都可随具体应用而改变。

4-9 举例说明FlexRay总线在汽车上有哪些应用？

FlexRay总线具有速度快、效率高、容错性强等特点，可用于汽车动力和底盘系统的控制数据传输。

如图4-6所示是奥迪A8中的FlexRay总线拓扑结构。奥迪A8使用FlexRay总线可以实现驾驶动态控制、车距控制、自适应巡航控制和图像处理等功能。

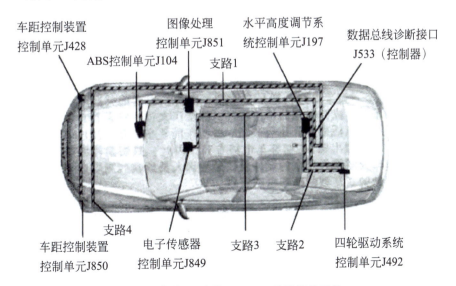

图4-6 奥迪A8中的FlexRay总线拓扑结构

FlexRay总线的拓扑结构可以分为点对点连接的主动星型拓扑结构（支路3）和总线型拓扑结构（支路1、支路2和支路3）。数据总线诊断接口J533用作控制器，上面有4个支路接口。其他总线用户围绕着数据总线诊断接口J533分布在若干支路上。每条支路上最多连接2个控制单元，其中主动星型连接器以及支路上的末端控制单元始终接低电阻（内电阻较低），而中间控制单元则始终接高电阻（内电阻较高）。

冷态启动和同步控制单元有数据总线诊断接口J533、ABS控制单元J104、电子传感器控制单元J849。非冷态启动控制单元有车距控制装置控制单元J428、车距控制装置控制单元J850、图像处理控制单元J851、四轮驱动系统控制单元J492、水平高度调节系统控制单元J197。

4-10 MOST总线有什么特点？

MOST总线具有以下特点。

① 保证低成本的条件下，最高可以达到147.5Mbit/s的数据传输速率。

② 无论是否有主控计算机都可以工作。

③ 支持声音和压缩图像的实时处理。

④ 支持数据的同步和异步传输。

⑤ 发送/接收器嵌有虚拟网络管理系统。

⑥ 支持多种网络连接方式，提供MOST设备标准，方便、简洁地应用系统界面。

⑦ 通过采用MOST，不仅可以减轻连接各部件的线束的质量，降低噪声，而且可以减轻系统开发技术人员的负担，最终在用户处实现各种设备的集中控制。

⑧ 光纤网络不会受到电磁辐射干扰与搭铁环的影响。

4-11 举例说明MOST总线在汽车上有哪些应用？

MOST可以实现实时传输声音和视频，以满足高端汽车娱乐装置的需求，主要用于车载电视、车载电话、车载CD、车载互联网、DVD导航等系统的控制中，也可以用于车载摄像头等行车系统。

如图4-7所示为MOST总线在汽车上的应用实例。

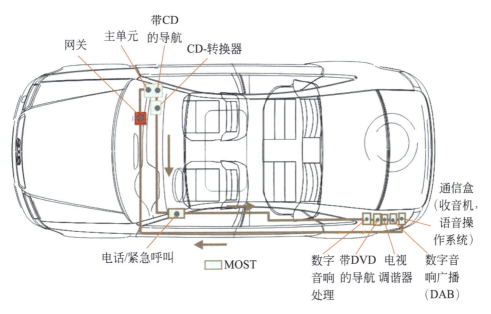

图4-7　MOST总线在汽车上的应用实例

4-12 以太网有什么特点？

以太网具有以下特点。

① 数据传输速率快。现在以太网的最大传输速率能达到10Gbit/s，并且还在提高，比任何一种现场总线都快。

② 应用广泛。以太网是一种标准的开放式网络，不同厂商的设备很容易互联。

③ 容易与信息网络集成，有利于资源共享。由于具有相同的通信协议，以太网能实现与互联网的无缝连接，方便车辆网络与地面网络的通信。车辆互联网的接入极大地解除了为获取车辆信息而带来的地理位置上的束缚，这一性能是目前其他任何一种现场总线都无法比拟的。

④ 支持多种物理介质和拓扑结构。以太网支持多种传输介质，包括同轴电缆、双绞线、光缆、无线等，使用户可根据带宽、距离、价格等因素作多种选择。

⑤ 软硬件资源丰富。由于以太网已应用多年，人们对以太网的设计、应用等方面有很多的经验，对其技术也十分熟悉。大量的软件资源和设计经验可以显著降低系统的开发成本，从而可以显着降低系统的整

体成本,并大大加快系统的开发和推广速度。

⑥ 可持续发展潜力大。由于以太网的广泛应用,使其发展一直受到广泛的重视和大量的技术投入。车载网络采用以太网,可以避免其发展游离于计算机网络技术的发展主流之外,从而使车载网络与信息网络技术互相促进,共同发展。

4-13 举例说明以太网在汽车上有哪些应用?

以太网在汽车上应用刚刚开始,但它优越的性能得到汽车业界的重视,有望成为重要的车载网络。随着先进传感器、高分辨率显示器、车载摄像头、先进驾驶辅助系统及其数据传输和控件的加入,汽车电子产品正变得更加复杂。采用标准的以太网协议将这些设备连接起来,可以帮助简化布线,节约成本,减少线束质量和增加行驶里程。

如图4-8所示为以太网在汽车上的应用实例。

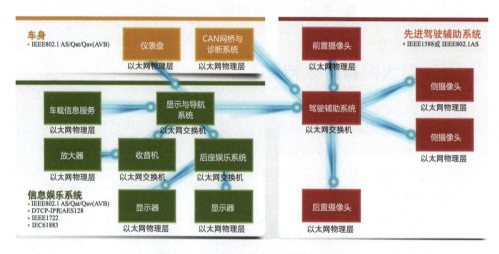

图4-8 以太网在汽车上的应用实例

4-14 什么是车载自组织网络?

车载自组织网络(Vehicular Ad hoc Networks,VANET)是一种自组织、结构开放的车辆间通信网络,能够提供车辆之间以及车辆与路侧基础设施之间的通信,通过结合全球定位系统及无线通信技术,如无线局域网、蜂窝网络等,可为处于高速移动状态的车辆提供高速率的数据接入服务，并支持车辆之间的信息交互，已成为保障车辆行驶安全，提供高速数据通信、智能交通管理及车载娱乐的有效技术，如图4-9所示。车载自组织网络是智能交通系统未来发展的通信基础，也是智能网联汽车安全行驶的保障。

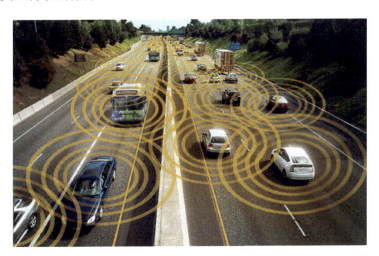

图4-9　车载自组织网络

4-15 车载自组织网络结构有哪些类型？

车载自组织网络结构主要分为3种，即V2V通信、V2I通信、V2P通信，如图4-10所示。V2V通信是通过GPS定位辅助建立无线多跳连接，从而能够进行暂时的数据通信，提供行车信息、行车安全等服务；V2I通信能够通过接入互联网获得更丰富的信息与服务；V2P通信的研究刚刚起步，目前主要是通过智能手机中的特种芯片提供行人和交通状况，以后会有更多通信方式。

根据节点间通信是否需要借助路侧单元，可以将车载自组织网络的结构分为车间自组织型、无线局域网/蜂窝网络型和混合型。

（1）**车间自组织型**　车辆之间形成自组织网络，不需要借助路侧单元，这种通信模式也称为V2V通信模式，也是传统移动自组织网络的通信模式。

（2）**无线局域网/蜂窝网络型**　在这种通信模式下，车辆节点间不能直接通信，必须通过接入路侧单元互相通信，这种通信模式也称为V2I通信模式，相比车间自组织型，路侧单元建设成本较高。

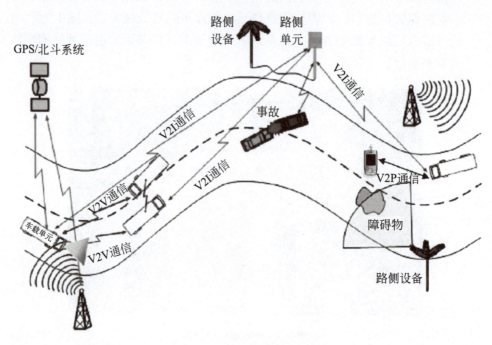

图 4-10 车载自组织网络结构

（3）混合型 混合型是前两种通信模式的混合模式，车辆可以根据实际情况选择不同的通信方式。

4-16 车载自组织网络路由协议有哪些类型？

车载自组织网络路由协议有很多种，如图 4-11 所示是一种车载自组织网络路由协议。

车载自组织网络路由协议根据接收数据包的节点数量可分为单播路由、广播路由和多播路由。

（1）单播路由 单播路由是指数据包源节点向网络中一个节点转发数据。

（2）广播路由 广播路由是指数据包源节点向网络中的所有其他节点转发数据。

（3）多播路由 多播路由是指数据包源节点向网络中多个节点转发数据。

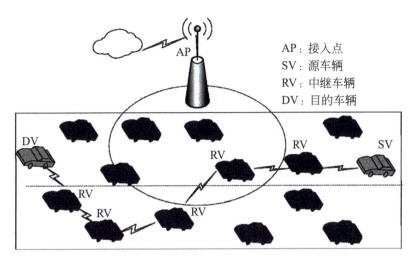

图4-11　车载自组织网络路由协议

车载自组织网络路由协议还可以分为基于拓扑结构的路由、基于地理位置的路由、基于移动预测的路由、基于路侧单元的路由和基于概率的路由。

(1) 基于拓扑结构的路由　初期的移动自组织网络的路由基本上都是基于拓扑结构的路由协议,网络中的节点通过周期性地广播路由信息得到其他节点的位置信息,从而选择下一跳进行数据包转发。

(2) 基于地理位置的路由　基于地理位置的路由协议通过位置服务方式实时准确地获取自身车辆和目的车辆的位置信息,同时通过路由广播的方式获得广播范围内邻居节点的位置信息,根据分组转发策略择优选择下一跳进行数据包转发。

(3) 基于移动预测的路由　由于节点的移动性,通过节点速度、加速度、距离和时间等参数,预测通信链路的生命周期,即可预测该路由路径的有效期。

(4) 基于路侧单元的路由　借助于道路的路侧单元(RSU),可以解决车辆在稀疏情况下导致的节点链路中断。RSU为路边可靠的固定节点,具有高带宽、低误码率和低延迟传输特点,并作为主干链路,当车辆节点出现链路中断时,RSU将采用存储转发策略来发送数据包。

(5) 基于概率的路由　用概率描述车辆节点在某一段时间内该链路还未断开或存在的可能性。在该路由协议中,需要建立相关的模型,并且这些模型的建立是基于某些网络特性的前提下,这样才能统计相关变量的分布信息。

4-17 车载自组织网络主要有哪些应用场景？

车载自组织网络主要有碰撞预警、避免交通拥堵、紧急制动警告、并线警告、交叉路口违规警告等应用场景，如图4-12所示。

（1）碰撞预警 如图4-12（a）所示，红色车辆与蓝色车辆相撞，红色车辆因此发送一个协作转发碰撞预警信息。车辆1能够通过直接连接接收到碰撞预警信息，从而车辆1可以及时地刹车避免碰撞。但是，如果没有间接连接，即不能多跳转发信息，若车辆2、车辆3与它们前面车辆的距离小于安全车距时，则车辆2和车辆3不可避免地要发生碰撞。如果有间接连接，车辆2和车辆3也能收到碰撞预警信息，则可以避免碰撞。

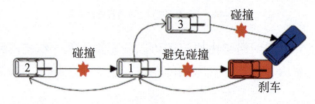

（a）碰撞预警应用场景

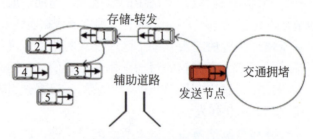

（b）避免交通拥堵应用场景

（c）紧急制动警告应用场景

（d）并线警告应用场景　　　（e）交叉路口违规警告应用场景

图 4-12　车载自组织网络应用场景

（2）避免交通拥堵　如图 4-12（b）所示，车辆 1 收到了红色车辆发送节点发送出的前方交通拥堵消息，然后车辆 1 存储该消息，直到车辆 2～车辆 5 能够与车辆 1 通信时，车辆 1 将消息转发给车辆 2～车辆 5，这样，车辆 2～车辆 5 也同样知道了前方拥堵的情况，这些车辆可以选择辅助道路行驶，从而避免交通堵塞，节省了时间。

（3）紧急制动警告　如图 4-12（c）所示，当前方车辆紧急制动时，紧急制动警告（EBW）将会提醒驾驶员。当制动车辆被其他车辆遮挡而不能被本车辆觉察时，EBW 将会非常有用。通过系统开启车辆的后制动灯，EBW 利用车载自组织网络系统的非视距特点来防止追尾事故。

（4）并线警告　如图 4-12（d）所示，当车辆换道可能存在危险时，并线警告（LCW）将提醒有意换道的驾驶员。LCW 使用 V2V 通信和周边车辆的路径预测，利用链路的通信范围来预测驾驶员完成换道可能产生的碰撞。路径预测用于确定 3～5s 的时间内，驾驶员要到达的车道区域是否被占用。如果该车道已被占用，则 LCW 将会提醒驾驶员潜在的危险。

（5）交叉路口违规警告　如图 4-12（e）所示，当驾驶员即将闯红灯时，交叉路口违规警告（IVW）系统对其发出警告。IVW 系统使用 V2I 通信方式，对车辆进行预测，其通信链路的主要优势是获取动态信息，如红绿灯阶段和红绿灯时间。部署了交通信号灯控制器的路侧单元会广播交通信号灯信息，包括位置、红绿灯阶段、红绿灯时间、交叉路口几何形状等。靠近交叉路口的车辆将车辆的预期路径与交通信号灯信息进行比较，以确定是否会发生交通信号违规。如果车辆将要发生违规行为，则 IVW 系统将提醒驾驶员，同时车辆也会发送消息至红绿灯和周围车辆，以表明警告已经发出。

随着车载自组织网络技术的发展，其应用范围越来越广泛，主要涉及安全、驾驶、公共服务、商用、娱乐等。

4-18 什么是移动互联网？

移动互联网是以移动网络作为接入网络的互联网及服务，包括移动终端、移动网络和应用服务三个要素。移动互联网包含两方面的含义：一方面，移动互联网是移动通信网络与互联网的融合，用户以移动终端接入无线移动通信网络（4G网络、5G网络、WLAN、WiMax等）、无线城域网、无线局域网等方式访问互联网；另一方面，移动互联网还产生了大量新型的应用，这些应用与终端的可移动、可定位和随身携带等特性相结合，为用户提供个性化的、位置相关的服务。

如图4-13所示为移动互联网网络结构。

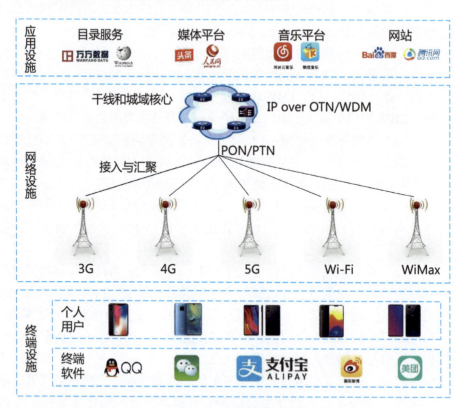

图4-13 移动互联网网络结构

4-19 移动互联网有哪些接入方式？

移动互联网接入方式主要有卫星通信网络、无线城域网（WiMAX）、无线局域网（WLAN）、无线个域网（WPAN）和蜂窝网络（4G/5G网络）等，如图4-14所示。

（1）卫星通信网络　卫星通信的优点是通信区域大、距离远、频段宽、容量大；可靠性高、质量好、噪声小、可移动性强、不容易受自然灾害影响。缺点是存在传输时延大、回声大、费用高等问题。

图4-14　移动互联网接入方式

（2）无线城域网　无线城域网以微波等无线传输为介质，提供同城数据高速传输、多媒体通信业务和互联网接入服务等，具有传输距离远、覆盖面积大、接入速度快、高效、灵活、经济、较为完备的QoS机制等优点。缺点是暂不支持用户在移动过程中实现无缝切换，性能与4G的主流标准存在差距。

（3）无线局域网　无线局域网是指以无线或无线与有线相结合的方式构成的局域网，如Wi-Fi。无线局域网具有布网便捷、可操作性强、网络易于扩展等优点。缺点是性能、速率和安全性存在不足。

（4）无线个域网　无线个域网是采用红外、蓝牙等技术构成的覆盖范围更小的局域网。目前，无线个域网采用的技术有蓝牙、ZigBee、UWB、60GHz、IrDA、RFID、NFC等，具有低功耗、低成本、体积小等优点。缺点主要是覆盖范围小。

（5）蜂窝网络　蜂窝移动通信系统由移动站、基站子系统、网络子系统组成，采用蜂窝网络（4G/5G）作为无线组网方式，通过无线信道将移动终端和网络设备进行连接。其中宏蜂窝、微蜂窝是蜂窝移动通信系统应用较多的蜂窝技术。蜂窝移动通信的主要缺点是高成本、带宽低。

4-20 什么是车载移动互联网？

车载移动互联网是以车为移动终端，通过远距离无线通信技术构建的车与互联网之间的网络，实现车辆与服务信息在车载移动互联网上的传输，如图4-15所示。车载移动互联网是先通过短距离通信技术在车内建立无线个域网或无线局域网，再通过4G/5G技术与互联网连接。

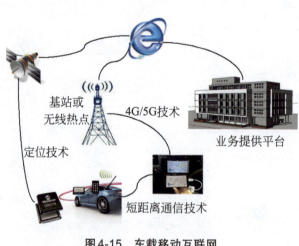

图4-15　车载移动互联网

5 智能网联汽车导航定位技术

5-1 车载导航系统有哪些功能？

车载导航系统具有定位、电子地图显示、导航、查询、多媒体等功能，如图 5-1 所示。

图 5-1 车载导航系统

（1）**定位功能** 车载导航系统须在地图画面上表示出对车辆正确的测定位置。

（2）**电子地图显示功能** 电子地图上显示的内容包括地图背景、自车位置、引导路线、Mark（标记点）、UserMark（用户自定义标记点）、比例尺、地图方位、到达时间、剩余距离、行驶轨迹等。

（3）**导航功能** 用户在电子地图上指定目的地后，给出目的地和当前车辆位置的连线，并给出合适的到达目的地的最佳路径，以醒目的颜色显示,并根据汽车新位置不断修正以上显示;用户还可以根据自己的喜好选择各种路线条件,如推荐高速公路优先、最短距离优先等。

(4)查询功能　可以通过住址、设施名称、拼音等进行检索地图中各单元的信息,以便设定为目的地或经由地或进行其他操作,还可以查看引导道路情况及标记点周边情况等。

(5)多媒体功能　随着导航技术的日益成熟化,导航仪上的功能也日益多元化。不仅仅起到导航的功能,更增加了电视、DVD/CD、MP3、FM等多媒体功能,让用户在开车的时候能充分享受到导航系统带来的驾驶乐趣。

5-2 汽车导航中车辆位置测定方法有哪些?

汽车导航系统必须在电子地图上表示出对车辆正确的测定位置,如图5-2所示。

图5-2　汽车导航系统的车辆位置测定

汽车导航中车辆位置测定主要有自行定位法、GPS全球卫星定位法、复式定位法、地图匹配法等。

(1)自行定位法　自行定位法是利用汽车上安装的角速度传感器(陀螺仪)和车速传感器,以检测出汽车的行驶轨迹和车辆位置的检测方法。

(2)GPS全球卫星定位法　利用GPS卫星所发出的电磁波检测出车辆的位置。GPS电波导航在信号接收不到时将无法检测出车辆的位置。

（3）**复式定位法** 复式定位法是以自行定位与全球卫星定位两种方式相组合，即使在无法接收卫星信号时车辆也能自行定位导航。

（4）**地图匹配法** 通过比较复式定位法算出的经纬度、方位、车辆行驶轨迹和存放在地图里的道路数据，推定车辆正在行驶的道路位置，以期求得更加准确的车辆现在位置。

5-3 车载卫星导航系统四大要素是什么？

车载卫星导航系统四大要素分别是卫星信号、信号接收、信号处理和地图数据库，如图5-3所示。

图5-3 车载卫星导航系统四大要素

（1）**卫星信号** 车载卫星导航系统需要依靠全球定位系统（GPS）来确定汽车的位置，GPS需要知道汽车的经度和纬度。在某些特殊情况下，GPS还要知道海拔高度才能准确定位，有了这三组数据，GPS定位的准确性经常可以达到2～3m。

（2）**信号接收** GPS系统的工作原理是解析从同步卫星那里接收到的信号，投影在竖直的平面上，这些信号可以形象地表示为一个个的倒漏斗形。当这些"漏斗"的下半部分有一定的重叠时，GPS的解析程序就能够计算出汽车所在位置的坐标。在汽车行驶的过程中，陀螺仪可以连续地提供汽车的位置。卫星信号有所间断时，计速器所提供的数据就用来填补其中的空白,并用来记载行驶时间。

（3）**信号处理**　GPS接收到的信号和计速器所提供的信息,要通过接收器提供给汽车导航系统,并由软件系统分析处理,重叠在存储的地图之上。

（4）**地图数据库**　当GPS提供的坐标信息重叠到电子地图上时,驾驶员就可以看到自己目前的位置以及未来的行驶方向。

5-4 全球四大卫星导航系统分别是什么?

全球四大卫星导航系统分别是美国的全球定位系统（GPS）、俄罗斯的格洛纳斯（GLONASS）系统、中国的北斗卫星导航系统、欧洲的伽利略系统,如图5-4所示。

图5-4　全球四大卫星导航系统

（1）**美国的全球定位系统（GPS）**　由24颗卫星组成,精度约为10m,军民两用。

（2）**俄罗斯的格洛纳斯系统**　由24颗卫星组成,精度在10m左右,军民两用。

（3）**中国的北斗卫星导航系统**　由5颗静止轨道卫星和30颗非静止轨道卫星组成;"北斗一号"精度在10m之内,而"北斗二号"可以精确到"厘米"之内。

（4）**欧洲的伽利略系统**　由30颗卫星组成,定位误差不超过1m,主要为民用。

全球四大导航系统参数比较见表5-1。

表 5-1 全球四大导航系统参数比较

导航系统	卫星数量/颗	轨道高度/km	位置精度/m	授时精度/ns	速度精度/（m/s）
GPS	24 以上	20200	6	20	0.1
格洛纳斯	24 以上	19100	12	25	0.1
北斗卫星	30 以上	21500	10	50	0.2
伽利略	30 以上	24126	1	20	0.1

5-5 全球定位系统定位原理是怎样的？

GPS卫星不断地传送轨道信息和卫星上的原子钟产生的精确时间信息，GPS接收机上有一个专门接收无线电信号的接收器，同时也有自己的时钟。当接收机收到一颗卫星传来的信号时，接收机可以测定该卫星离用户的空间距离，用户就位于以观测卫星为球心、以观测距离为半径的球面与地球表面相交的圆弧的某一点；当GPS接收机观测到第二颗卫星的信号时，以第二颗卫星为球心、以第二个观测距离为半径的球面也与地球表面相交为一个圆弧，上述两个圆弧在地球表面会有两个交会点，还不能确定出用户唯一的位置；当GPS接收机观测到第三颗卫星的信号时，以第三颗卫星为球心、以第三个观测距离为半径的球面也与地球表面相交为一个圆弧，上述三个圆弧在地球表面相交于一点，该点即为GPS用户所在的位置。如果没有时钟误差，用户接收机只要利用接收观测到的3颗卫星的距离观测值，就可以唯一确定出用户所在的位置。但由于GPS接收机的时钟有误差，从而会使测得的距离含有误差，所以定位时要求接收机至少观测到4颗卫星的距离观测值才能同时确定出用户所在空间位置及接收机时钟差。当GPS接收机观测到4颗以上的卫星信号时，就可以得到更为精确和可靠的位置、速度和时间信息。

如图5-5所示为4颗卫星定位原理。

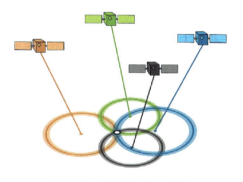

图 5-5 4 颗卫星定位原理

5-6 全球定位系统由哪几部分组成？

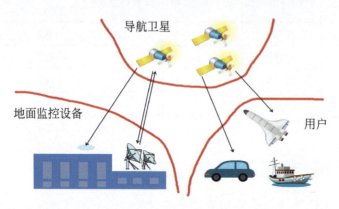

图5-6 GPS的组成

GPS是由导航卫星、地面监控设备和GPS用户组成的，如图5-6所示。

（1）导航卫星　导航卫星由分布在6个地球椭圆轨道平面上的21颗工作卫星和3颗在轨备用卫星组成，相邻轨道之间的卫星彼此呈30°，每个轨道面上都有4颗卫星，在距离地球约20000km的高空上进行监测。这些卫星每12h环绕地球一圈，在地球上的任何地方、任何时间都可以观测到4颗以上的GPS卫星，保持定位的精度，从而提供连续的全球导航能力。导航卫星的任务是接收和存储来自地面监控设备发送来的导航定位控制指令，微处理器进行数据处理，以原子钟产生基准信号和精确的时间为基准向用户连续发送导航定位信息。

（2）地面监控设备　地面监控设备由1个主控站、4个注入站和6个监测站组成，它们的任务是实现对导航卫星的控制。

（3）GPS用户　GPS用户主要由GPS接收机和GPS数据处理软件组成。GPS接收机的主要功能是接收、追踪、放大卫星发射的信号，获取定位的观测值，提取导航电文中的广播星历以及卫星时钟改正参数等。GPS数据处理软件的主要功能是对GPS接收机获取的卫星测量记录数据进行预处理，并对处理的结果进行平差计算、坐标旋转和分析综合处理，计算出用户所在位置的三维坐标、速度、方向和精确时刻等。

5-7 全球定位系统有什么特点？

GPS具有以下特点。

① 能够全球全天候定位，因为GPS卫星的数目较多，且分布均匀，保证了地球上任何地方、任何时间至少可以同时观测到4颗GPS卫星，确保实现全球、全天候连续的导航定位服务。

② 覆盖范围广，能够覆盖全球98%的范围，可满足位于全球各地或近地空间的军事用户连续精确地确定三维位置、三维运动状态和时间的需要。

③ 定位精度高，GPS相对定位精度在50km以内可达6～10m，100～500km可达7～10m，1000km可达9～10m。

④ 观测时间短，20km以内的相对静态定位仅需15～20min；快速静态相对定位测量时，当每个流动站与基准站相距15km以内时，流动站观测时间只需1～2min；采取实时动态定位模式时，每站观测仅需几秒钟。

⑤ 可提供全球统一的三维地心坐标，可同时精确测定测站平面位置和大地高程。

⑥ 测站之间无须通信，只要求测站上空开阔，这既可大大减少测量工作所需的经费和时间，也使选点工作更灵活，可省去经典测量中的传算点、过渡点等的测量工作。

5-8 什么是差分全球导航定位系统？

差分全球导航定位系统（Differential Global Position System，DGPS）是在GPS的基础上利用差分技术使用户能够从GPS系统中获得更高的精度。根据DGPS基准站发送的信息方式可将DGPS定位分为位置差分、伪距差分和相位差分。DGPS系统由基准站、数据传输设备和移动站组成，如图5-7所示。

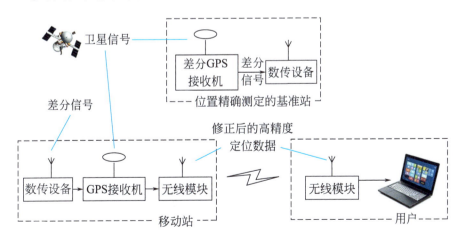

图5-7　DGPS的组成

5-9 北斗卫星导航定位系统与GPS定位原理有何不同？

① 北斗卫星导航定位是一个有源系统，用户在定位过程中必须发射信号，具备通信能力，这是它与GPS系统最大的不同。北斗系统具有低速通信功能，可以在中心站与任意一个用户机之间或任意两个用户机之间一次发送包含36个汉字字符的信息，经过授权的用户一次可以发送包含120个汉字字符的信息，这个功能是GPS所无法具备的。

② 北斗卫星导航定位系统每次定位作业都是由用户机发出请求，经过中心站解算出坐标，然后发给用户机。这种工作方式使得北斗卫星导航定位系统存在用户容量限制，凡是未经授权的用户都无法利用北斗卫星导航定位系统进行定位作业，因而具备极好的保密性。

③ 北斗卫星导航定位系统一次定位需要测距信号经中心站-卫星-用户机往返两次，因此费时比较长，从用户机发出定位请求到收到定位数据大约需要1s，因此它不适合飞机、导弹等高速运动的物体，而更适合船舰、车辆、人员等低速运动目标的定位。

5-10 北斗卫星导航定位系统由哪几部分组成？

北斗卫星导航定位系统由空间段、地面段和用户段三部分组成，如图5-8所示。

图5-8 北斗卫星导航定位系统的组成

空间段包括5颗静止轨道卫星和30颗非静止轨道卫星；地面段包括主控站、注入站和监测站等若干个地面站；用户段由北斗用户终端以及与美国GPS、俄罗斯的格洛纳斯、欧洲的伽利略等其他卫星导航系统兼容的终端组成。

5-11 北斗卫星导航定位系统有什么特点？

北斗卫星导航定位系统具有以下特点。

① 北斗卫星导航定位系统同时具备定位与通信功能，不需要其他通信系统支持；而GPS只能定位。

② 覆盖范围大，没有通信盲区。

③ 特别适合于集团用户大范围监控管理和数据采集用户数据传输应用。

④ 融合北斗导航定位系统和卫星增强系统两大资源，因此也可利用GPS使之应用更加丰富。

⑤ 自主系统，安全、可靠、稳定，保密性强，适合关键部门应用。

5-12 什么是车辆航位推算？

车辆航位推算（Dead reckoning，DR）方法是一种常用的自主式车辆定位技术。相对于GPS系统，它不用发射接收信号，不受电磁波影响，机动灵活，只要车辆能达到的地方都能定位。但是由于这种定位方法的误差随时间推移而发散，所以只能在短时间内获得较高的精度，不宜长时间单独使用。

DR方法的主要原理是利用DR传感器测量位移矢量，从而推算车辆的位置。航位推算原理如图5-9所示，其中，(x_i, y_i)（$i=0,1,2\cdots$）是车辆在t_i时刻的初始位置，航向角θ_i和行驶距离s_i分别是车辆从t_i时刻到t_{i+1}时刻的绝对航向和位移矢量长度。

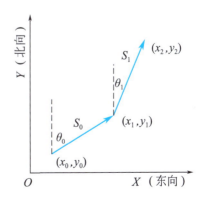

图5-9 航位推算原理

5-13 什么是GPS/DR组合导航定位系统?

GPS/DR组合导航定位系统由GPS以及电子罗盘、里程计和导航计算机等组成,如图5-10所示。

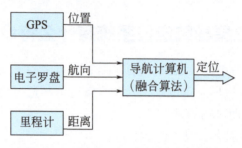

图5-10 GPS/DR组合导航定位系统

(1)GPS　GPS独立给出车辆所在位置的绝对经度、纬度和海拔高度。

(2)电子罗盘　电子罗盘作为航向传感器测量车辆的航向。

(3)里程计　里程计测量汽车单位时间内行驶的里程。

(4)导航计算机　导航计算机采集各传感器数据并做航迹推算、GPS坐标变换及相关数据预处理,由融合算法融合估计出车辆的动态位置。

GPS/DR组合导航定位系统是一种相对低成本的导航系统,在这个系统上进行GPS/DR数据融合,可以实现较高精度的导航定位。

5-14 通信基站定位技术主要有哪些?

通信基站定位技术主要有达到角(AOA)定位、达到时间(TOA)定位、达到时间差(TDOA)定位、混合定位等,如图5-11所示,其中BS代表基站,MS代表移动台。

(1)AOA定位　信号到达角(AOA)定位也称方位测量定位,是由两个或多个基站接收到移动台的角度信息,然后对其计算移动台的位置。

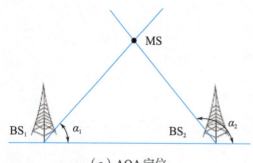

(a)AOA定位

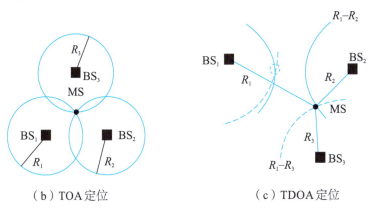

（b）TOA 定位　　　　　　　　（c）TDOA 定位

图 5-11　通信基站定位技术

（2）TOA 定位　　TOA 是基于时间的定位，称为圆周定位，它通过测量两点间电波传播时间来计算移动台的位置。

（3）TDOA 定位　　TDOA 定位也称双曲线定位，它利用移动台到达不同基站的时间不同，获取到达各个基站的时间差，建立方程组，求解移动台位置，这种定位要求各个基站时间必须同步。移动台位于以两个基站为交点的双曲线上，通过建立两个以上双曲线方程，求解双曲线交点即可得到移动台的二维坐标位置。

（4）混合定位　　混合定位技术就是把各种不同的测量信息和特征值进行融合对移动台进行定位的技术。常见的混合定位技术有 TDOA/AOA、TDOA/TOA、TOA/AOA、TDOA/场强定位等。

5-15 无人驾驶汽车定位方法有哪几种？

无人驾驶汽车定位方法主要有五种，即激光雷达的 SLAM（同时定位与建图）、激光雷达的强度扫描图像、图像增强型定位、高斯混合模型、REM。

（1）激光雷达的 SLAM　　利用车辆自带的 GPS 和 IMU（惯性测量单元）做出大概位置判断，然后用预先准备好的高精度地图与激光雷达 SLAM 云点图像与之对比，放在一个坐标系内做配准，配对成功后确认自车位置。这是目前最成熟、准确度最高的方法。

（2）激光雷达的强度扫描图像　　激光雷达有两种最基本的成像方式：一是 3D 距离成像，可以近似地理解为点云；二是强度扫描成像，激光经物体反射，根据反射强度值的不同，可以得到一副强度成像图像。这种定位方法需要预先制作一个特殊的SLAM系统，称为位姿图像SLAM，近视可看作激光雷达制造的高清地图。激光雷达的3D云点地图抽出强度值和真实地面，转化为2D的地面强度扫描图像，与位姿图像SLAM配对后即可定位。

（3）图像增强型定位　通常是将激光和视觉系统结合进行定位，用单目即可。这种方法需要预先准备一幅激光雷达制造的3D地图，用Ground-Plane Sufficient得到一个2D的纯地面模型地图，用OpenGL将单目视觉图像与这个2D的纯地面模型地图经过坐标变换，用归一化互信息配准，然后用扩展卡尔曼滤波器来实现定位。

（4）高斯混合模型　这实际还是第二种方法的补充，在遇到恶劣环境，比如很厚的积雪，雪后还有残雪的泥泞的道路，缺乏纹理的老旧的被破坏的道路，用高斯混合模型来做定位，提高激光雷达定位的鲁棒性。

（5）REM　通过采集包括交通信号、指示牌、路灯及反光标等地标，得到一个简单的3D坐标数据；再通过识别车道线、路沿、隔离带等获取丰富的1D数据。把简单的3D数据和丰富的1D数据加起来，大小也不过是10kbit/km，摄像头的图像与这种REM地图中匹配即可定位。

5-16 导航地图和高精度地图有什么区别？

高精度地图是指高精度、精细化定义的地图，其精度需要达到分米级才能够区分各个车道，如图5-12所示。

图5-12　高精度地图

导航地图和高精度地图的区别如图5-13所示。

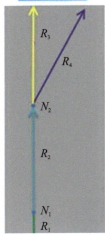
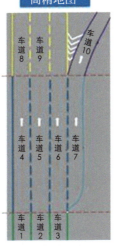

导航道路	高精地图车道线
R_1	车道1,车道2,车道3
R_2	车道1,车道5,车道6,车道7
R_3	车道8,车道9
R_4	车道10

图5-13 导航地图和高精度地图的区别

① 高精度地图的使用者是自动驾驶系统，导航地图的使用者则是驾驶员。

② 导航地图会描绘出道路，部分道路会区分车道；高精度地图不仅会描绘道路，对一条道路上有多少条车道也会精确描绘，会真实地反映出道路的实际样式。

③ 导航地图不会把道路形状的细节完全展现；高精度地图为了让自动驾驶系统更好地识别交通情况，从而提前做出行驶方案，会把道路形状的细节进行详细、精确展示，哪些地方变宽、变窄，会和真实道路完全一致。

5-17 高精度地图在无人驾驶汽车中起什么作用？

与驾驶员的驾驶过程一样，自动驾驶也需要经过感知、高精定位、决策、控制四个步骤。驾驶员的感知通过眼睛、耳朵，自动驾驶则通过激光雷达、毫米波雷达、摄像头、惯导系统等传感器。接着是高精定位，人通过将看到听到的环境信息与记忆中的信息对比，判断出自己的位置和方向，自动驾驶则需要将传感器搜集的信息与储存的高精度地图对比，判断位置和方向。最后驾驶员思考判断后操控汽车开向目的地，自动驾驶通过人工智能算法决策做出车道及路径规划，给制动、转向、加速等控制器下达指令，控制车辆开往目的地。

在自动驾驶过程中，高精度地图起到了高精度定位、辅助环境感知、规划与决策等功能，如图5-14所示。

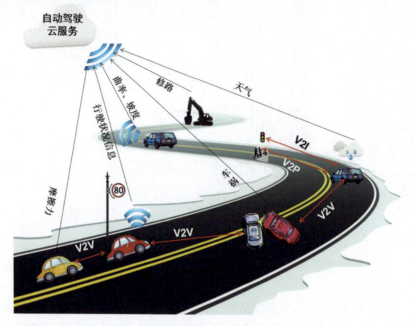

图 5-14　自动驾驶过程中高精度地图的作用

（1）**高精度定位**　把自动驾驶汽车上传感器感知到的环境信息与高精度地图对比，得到车辆在地图中的精确位置，这是路径规划与决策的前提。

（2）**辅助环境感知**　在高精度地图上标注详细道路信息，辅助汽车在感知过程中进行验证。比如车辆传感器感知到前方道路上的坑洼，可以与高精度地图中的数据进行对比，如果地图中也标记了同样的坑洼，就能起到验证判断的作用。

（3）**规划与决策**　利用云平台了解传感器感知不到区域（比如几千米外）的路况信息，提前避让。

5-18 汽车导航中的路径规划有哪些方法？

汽车导航中的路径规划是指在一定环境模型基础上，给定汽车起始点和目标点后，按照性能指标规划出一条无碰撞、能安全达到目标点的有效路径。

路径规划是智能网联汽车导航和控制的基础,从路径决策的角度考虑可分为全局路径规划和局部路径规划。

(1) 全局路径规划 全局路径规划方法主要有基于状态空间的最优控制路径规划方法、基于参数化曲线的路径规划方法、基于系统特征的路径规划方法。

(2) 局部路径规划 局部路径规划方法主要包括两个关键部分:建立环境模型,即将智能网联汽车所处现实世界抽象后,建立计算机可认知的环境模型;搜索无碰路径,即在某个模型的空间中,在多种约束条件下,选择合乎条件的路径搜索算法。

5-19 路径搜索有哪些常用算法?

路径搜索常用算法主要有Dijkstra算法、A*算法、D*算法、遗传算法、模拟退火算法、蚁群算法等。

(1) Dijkstra算法 Dijkstra算法是在图表中找到最短路径的图搜索方法,它使用全局搜索,不但能够保证在一个区域中找到两个坐标之间的最短路径,而且能够找到区域中某一点到其他点中的最短路径。

(2) A*算法 在静态路径下的规划算法中常用的算法为A*算法,它是一种启发式搜索策略,能根据求解问题的具体特征,控制搜索往最可能达到目的方向前进。

(3) D*算法 D*算法适合在动态环境下进行最短路径规划。

(4) 遗传算法 遗传算法是利用达尔文的生物自然遗传选择和生物自然淘汰的进化来实现的数学模型,它把整个蚁群当中每个成员作为研究对象,而且通过随机化方法去控制当前被编码的参数空间进行查询。

(5) 模拟退火算法 模拟退火算法是求解规划问题中的最优值,方法是利用热力学中经典粒子系统的降温过程,它能够有效解决复杂的系统优化问题,并且限制性约束较小。

(6) 蚁群算法 蚁群算法寻找最优解是效仿了真实蚂蚁的寻径行为,利用蚂蚁之间的相互通信与相互合作,它具有完善的全局优化能力,不依赖于特定的数学问题。

除了上述算法之外,还有其他很多算法,如基于广度优先搜索、深度优先搜索、最小生成树、神经网络、层次空间推理等。

5-20 路径决策规划体系结构主要有哪几种?

路径决策规划体系结构主要有递阶式体系结构、反应式体系结构和混合式体系结构,如图5-15所示。

(a)递阶式体系结构

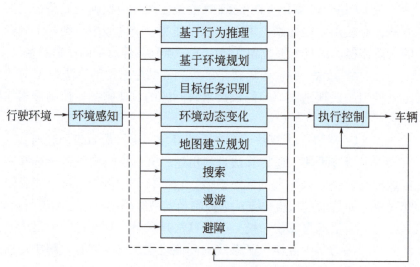

(b)反应式体系结构

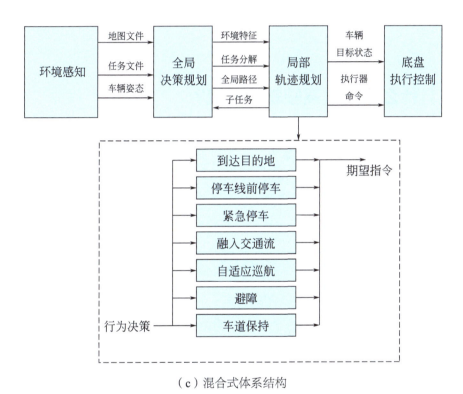

（c）混合式体系结构

图5-15 路径决策规划体系结构

6 智能网联汽车先进驾驶辅助技术

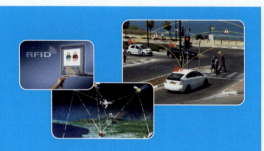

6-1 什么是先进驾驶辅助系统？

先进驾驶辅助系统（Advanced Driver Assistance Systems，ADAS）是利用环境感知技术采集汽车、驾驶员和周围环境的动态数据并进行分析处理，通过提醒驾驶员或执行器介入汽车操纵以实现驾驶安全性和舒适性的一系列技术的总称，如图6-1所示。ADAS是实现自动驾驶的前提。

图6-1 汽车先进驾驶辅助系统

先进驾驶辅助系统按照环境感知系统的不同可以分为自主式先进驾驶辅助系统和网联式先进驾驶辅助系统。

（1）**自主式先进驾驶辅助系统** 自主式先进驾驶辅助系统是基于车载传感器完成环境感知，依靠车载中央控制系统进行分析决策，技术比较成熟，多数已经装备量产车型。

（2）**网联式先进驾驶辅助系统** 网联式先进驾驶辅助系统是基于车与外界的通信互联完成环境感知，依靠云端大数据进行分析决策，目前处于测试阶段。

6-2 自主式先进驾驶辅助系统包括哪些？

自主式先进驾驶辅助系统按照功能可以分为自主预警类、自主控制类和视野改善类等。

（1）**自主预警类** 自主预警是指自动监测车辆可能发生的危险并提醒，从而防止发生危险或减轻事故伤害。自主预警类ADAS见表6-1。

表6-1 自主预警类ADAS

系统名称	图示	功能介绍	使用车型
前车防撞预警系统		识别潜在的危险情况并通过提醒帮助驾驶员避免或减缓碰撞事故	日产楼兰，纳智捷大7 SUV
车道偏离预警系统		可能偏离车道时给予驾驶员提示，减少因车道偏离而发生的事故	现代全新胜达，陆风X7
盲区监测系统		检测盲区内行驶车辆或行人	沃尔沃XC60，奥迪Q5
驾驶员疲劳预警系统		推断驾驶员的疲劳状态进行报警提示或者采取相应措施	哈佛H9，大众途观

（2）自主控制类　自主控制是指自动监测车辆可能发生的危险并提醒，必要时系统会主动介入，从而防止发生危险或减轻事故伤害。自主控制类ADAS见表6-2。

表6-2　自主控制类ADAS

系统名称	图示	功能介绍	使用车型
车道保持辅助系统		修正即将越过车道标线的车辆，使车辆保持在车道线内	奥迪Q3，JEEP自由光
自动刹车辅助系统		当车辆与前车处于危险距离时，主动产生制动效果让车辆减速或紧急停车，减少因距离过短而发生的事故	丰田汉兰达，日产逍客
自适应巡航控制系统		使车辆始终与前车保持安全车距	福特锐界，丰田汉兰达
自动泊车辅助系统		自动泊车入位	福特翼虎，日产奇骏

（3）视野改善类　视野改善是指提高在视野较差环境下的行车安全。视野改善类ADAS见表6-3。

表6-3　视野改善类ADAS

系统名称	图示	功能介绍	使用车型
汽车自适应前照明系统		自动调节前照明系统的工作模式	丰田RAV4，沃尔沃XC60

系统名称	图示	功能介绍	使用车型
汽车夜视辅助系统		晚上使用热成像呈现行人或动物	纳智捷优6,纳智捷大7 SUV
汽车平视显示系统		将汽车驾驶辅助信息、导航信息、ADAS信息等以投影方式显示在前方,方便阅读	宝马7,大众辉昂
全景泊车系统		四周360°全景提示	哈弗H8,吉利豪情SUV

6-3 网联式先进驾驶辅助系统包括哪些?

网联式先进驾驶辅助系统是指依靠V2X通信技术对车辆周边环境进行感知,并可对周围车辆未来运动进行预测,进而对驾驶员进行驾驶操作辅助的系统。通过现代通信与网联技术,汽车、道路、行人等交通参与者都已经不再是独立者,而是成为了智能交通系统中的信息节点,如图6-2所示。

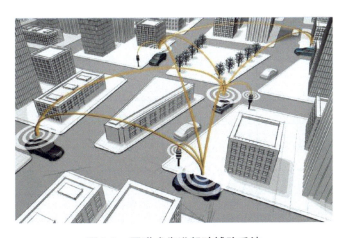

图6-2 网联式先进驾驶辅助系统

网联式先进驾驶辅助系统功能主要有交通拥堵提醒、闯红灯警示、弯道车速警示、减速区警示、限速交通标志警示、现场天气信息警示、违反停车标志警示、违规穿过铁路警示、过大车辆警示等。警示不仅告知本驾驶员违反安全，而且可以通过V2V、V2I警示附近的车辆，从而协助防止相撞，例如有车辆在十字路口的死角闯红灯或在有停车标志处停车时。

6-4 智能网联汽车智能化分级与ADAS配置之间有哪些关系？

智能网联汽车智能化分级与ADAS配置之间的关系见表6-4。ADAS配置主要处于1级和2级；3～5级属于自动驾驶范畴。

表6-4 智能网联汽车智能化分级与ADAS配置之间的关系

分级	1级	2级	3级	4级	5级
称呼	驾驶辅助	部分自动驾驶	有条件自动驾驶	高度自动驾驶	完全自动驾驶
主要功能	前车防撞预警	拥堵辅助驾驶	高速公路自动驾驶	市区自动驾驶	无人驾驶
	车道偏离预警	车道内自动驾驶	城郊公路自动驾驶	车路协同控制	
	盲区监测预警	换道辅助	协同式列队行驶	远程泊车	
	驾驶员疲劳预警	全自动泊车	交叉路口通行辅助		
	车道保持辅助				
	自动刹车辅助				
	自适应巡航控制				
	自动泊车辅助				
	自适应前照明				
	汽车夜视辅助				
	汽车平视辅助				
特征	单一功能	组合功能	特定条件部分任务	特定条件全部任务	全部条件全部任务

续表

感知系统配置	超声波传感器	超声波传感器	超声波传感器	超声波传感器	超声波传感器
	毫米波雷达	毫米波雷达	毫米波雷达	毫米波雷达	毫米波雷达
	视觉传感器	视觉传感器	视觉传感器	视觉传感器	视觉传感器
		少线激光雷达	多线激光雷达	多线激光雷达	多线激光雷达
			V2X	V2X	V2X
				5G	5G
					高精度地图

6-5 先进驾驶辅助系统产业链是怎样的？

先进驾驶辅助系统产业分上游、中游及下游市场，如图6-3所示，主要涉及芯片厂家、传感器厂商、电子和通信供应商、整车厂家、平台开发运用商和内容提供商。其中，传感器技术（摄像头与雷达）、芯片/算法是其中的核心关键。

图6-3 先进驾驶辅助系统产业链

6-6 ADAS采用视觉传感器与毫米波雷达相融合有什么优势？

视觉传感器成本低，可以识别不同的物体，在物体高度与宽度测量精度、车道线识别、行人识别准确度等方面有优势，是实现车道偏离预警、交通标志识别等功能不可缺少的传感器，但作用距离和测距精度不如毫米波雷达，并且容易受光照、天气等因素的影响。毫米波雷达受光照和天气因素影响较小，测距精度高，但难以识别车道线、交通标志等元素。另外，毫米波雷达通过多普勒偏移的原理能够实现更高精度的目标速度探测。

将视觉传感器和毫米波雷达进行融合，相互配合，共同构成智能网联汽车的感知系统，取长补短，实现更稳定可靠的ADAS功能，如图6-4所示。视觉传感器与毫米波雷达融合具有以下优势。

① 可靠性。目标真实可信度提高。

② 互补性。全天候应用与远距离提前预警。

③ 高精度。大视角、全距离条件下的高性能定位。

④ 识别能力强。对各种复杂对象都能够识别。

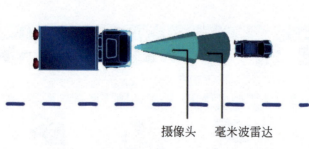

图6-4　视觉传感器与毫米波雷达融合

6-7 视觉传感器与毫米波雷达数据融合策略有哪几种？

在智能驾驶场景下，视觉传感器与毫米波雷达的数据融合大致有3种策略：图像级、目标级和信号级，如图6-5所示。

（1）图像级融合　图像级融合是以视觉为主体，将雷达输出的整体信息进行图像特征转化，然后与视觉系统的图像输出进行融合。

图6-5 视觉传感器与毫米波雷达的数据融合策略

（2）目标级融合 目标级融合是对视觉和雷达输出进行综合可信度加权，配合精度标定信息进行自适应的搜索匹配后融合输出。

（3）信号级融合 信号级融合是对视觉和雷达传感器ECU传出的数据源进行融合。其中，信号级别的融合数据损失最小，可靠性最高，但需要大量的运算。

6-8 多传感器融合的基本原理是怎样的？

多传感器融合的基本原理类似于人类大脑对环境信息的综合处理过程。人类对外界环境的感知是通过将眼睛、耳朵、鼻子和四肢等感官（各种传感器）所探测的信息传输至大脑（信息融合中心），并与先验知识（数据库）进行综合，以便对其周围的环境和正在发生的事件做出快速准确地评估。

多传感器融合的体系结构分为分布式、集中式和混合式，如图6-6所示。

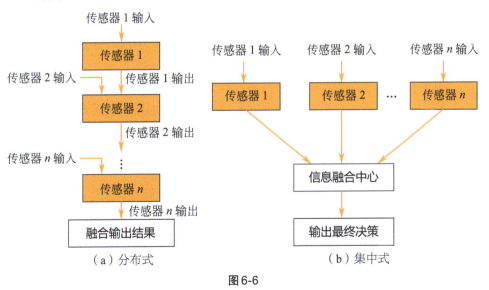

图6-6

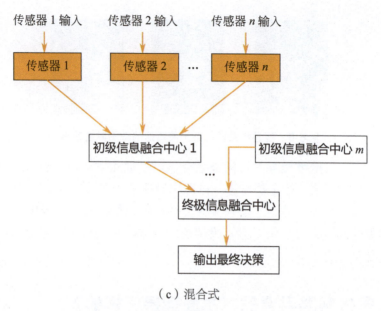

（c）混合式

图6-6 多传感器融合的体系结构

（1）**分布式** 先对各个独立传感器所获得的原始数据进行局部处理，然后再将结果送入信息融合中心进行智能优化组合来获得最终的结果。分布式多传感器对通信带宽的需求低，计算速度快，可靠性和延续性好，但跟踪的精度却远没有集中式多传感器高。

（2）**集中式** 集中式多传感器将各传感器获得的原始数据直接送至信息融合中心进行融合处理，可以实现实时融合。优点是数据处理的精度高，算法灵活；缺点是对处理器的要求高，可靠性较低，数据量大，故难于实现。

（3）**混合式** 混合式多传感器信息融合框架中，部分传感器采用集中式融合方式，剩余的传感器采用分布式融合方式。混合式融合框架具有较强的适应能力，兼顾了集中式融合和分布式的优点，稳定性强。混合式融合方式的结构比前两种融合方式的结构复杂，这样就加大了通信和计算上的代价。

目前多传感器融合的理论方法有贝叶斯准则法、卡尔曼滤波法、D-S证据理论法、模糊集理论法、人工神经网络法等。

6-9 智能网联汽车ADAS对通信系统有哪些要求？

智能网联汽车ADAS对通信系统的要求见表6-5。

表6-5 智能网联汽车ADAS对通信系统的要求

分类	应用	通信类型	频率/Hz	最大时延/ms	定位精度/m	通信范围/m	适应通信技术
低延时、高频率	前车防撞预警	V2V	10	100	1.5	300	LTE-V/DSRC/5G
	盲区预警/变道辅助	V2V	10	100	1.5	150	
	紧急制动预警	V2V	10	100	1.5	150	
	逆向超车碰撞预警	V2V	10	100	1.5	300	
	闯红灯预警	I2V	10	100	1.5	150	
	交叉路口碰撞预警	V2V/I2V	10	100	5	150	
	左转辅助	V2V/I2V	10	100	5	150	
	高优先级车辆让行/紧急车辆信号优先权	V2V/V2I	10	100	5	300	
	弱势交通参与者预警	V2P/I2V	10	100	5	150	
	车辆失控预警	V2V	10	100	5	300	
	异常车辆提醒	V2V	10	100	5	150	
	道路危险状况提示	V2I	10	100	5	300	
高延时、低频率	基于信号灯的车速引导	I2V	2	200	1.5	150	4G/LTE-V/DSRC/5G
	限速预警	I2V	1	500	5	300	
	车内标牌	I2V	1	500	5	150	
	前方拥堵提醒	I2V	1	500	5	150	
	智能汽车近场支付	V2I	1	500	5	150	

6-10 什么是前车防撞预警系统？

前车防撞预警（Forward Collision Warning，FCW）系统能够通过雷达或视觉传感器来时刻监测前方车辆，判断自车与前车之间的距离、方位及相对速度，当存在潜在碰撞危险时对驾驶员进行警告。一般预警的方式有声音、视觉或者触觉等，如图6-7所示。

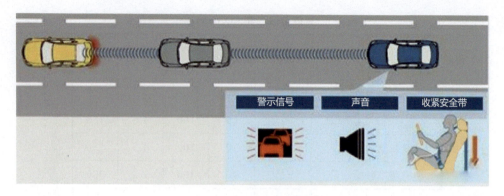

图 6-7　前车防撞预警系统

6-11 前车防撞预警系统由哪几部分组成？

前车防撞预警系统由信息采集单元、主控单元、显示单元和声光报警单元组成，如图 6-8 所示。

（1）信息采集单元　信息采集单元的主要作用是利用雷达、视觉传感器等采集自车信息以及自车与前车的相对距离、相对速度等信息。

（2）主控单元　主控单元是整个系统的"大脑"，它可以接收信息采集单元的信息并进行处理，评估潜在碰撞风险，确定发布预警的时刻。

（3）显示单元和声光报警单元　显示单元和声光报警单元执行相应功能，以适当的方式提醒驾驶员采取规避措施。

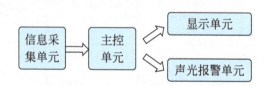

图 6-8　前车防撞系统组成简图

6-12 前车防撞预警系统的工作原理是怎样的？

前车防撞预警系统的工作原理如图 6-9 所示，它是通过分析传感器获取的前方道路信息对前方车辆进行识别和跟踪，如果有车辆被识别出来，则对前方车距进行测量。同时利用车速估计，根据安全车距预警模型判断追尾可能，一旦存在追尾危险，便根据预警规则及时给予驾驶员主动预警。

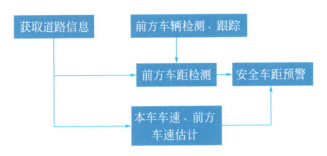

图6-9 前车防撞预警系统的工作原理

前车防撞预警系统的工作过程主要分为前方车辆识别、前方车距检测、建立安全车距预警模型。

6-13 什么是安全车距？

安全车距是指后方车辆为了避免与前方车辆发生意外碰撞而在行驶中与前车所保持的必要间隔距离。保持安全车距是防止追尾事故最直接、最有效、最广泛和最根本的方法。《中华人民共和国道路交通安全法》规定：机动车在高速公路上行驶，车速超过100km/h时，安全车距为100m以上；车速低于100km/h时，最小安全车距不得少于50m。

如图6-10所示是自车与前车的相对位置示意图，图中X_1为自车行驶的距离；X_2为前车行驶的距离；D_0为安全车距；D为实际车间距。

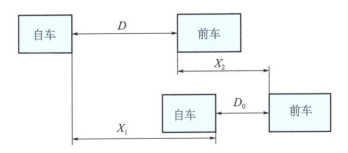

图6-10 自车与前车的相对位置示意图

6-14 安全车距预警模型主要有哪些？

安全车距预警模型主要有马自达模型、本田模型以及伯克利模型，后续的很多模型都是在其基础上进行改良的。

（1）马自达模型　日本马自达公司研制开发的追尾碰撞避免系统的主要设计思路为：在正常跟车行驶情况下，系统不工作；当自车非常接近前车车尾时，该系统发出追尾碰撞报警；在发出报警后，如果驾驶员没有采取制动减速措施，该系统便启动紧急制动装置，以避免发生追尾事故。该模型的本质是实时计算最小安全车距，从而对车速进行预警和控制。

马自达模型的最小安全车距为

$$d_b = \frac{1}{2}\left[\frac{v_1^2}{a_1} - \frac{(v_1-v_{rel})^2}{a_2}\right] + v_1\tau_1 + v_{rel}\tau_2 + d_0$$

式中，a_1=6m/s²；a_2=8m/s²；v_1 为自车车速；$V_{rel}=v_1-v_2$，为相对车速；v_2 为前车车速；$\tau_1=0.15$s；$\tau_2=0.6$s；$d_0=5$m。

（2）本田模型　本田模型算法采用两段式报警的方式，设定了报警距离和制动距离。该模型不能避免绝大多数的碰撞，只能减少碰撞的严重程度，一旦报警可能会引起驾驶员的极度恐慌，甚至会因恐惧而失去对车辆的控制。该模型准确性较低，不能实时反映行车路面情况，对驾驶员主观因素考虑不够。另外，该模型的建立以试验数据为基础，样本点选取的合适与否对模型影响较大。

本田模型的报警距离为

$$d_w = 6.2 + 2.2v_{rel}$$

本田模型的制动距离为

$$d_b = \begin{cases} v_{rel}\tau_2 + \tau_1\tau_2 a_1 - 0.5 a_1\tau_1^2 & \dfrac{v_2}{a_2} \geq \tau_2 \\ v_1\tau_2 - 0.5 a_1(\tau_2-\tau_1)^2 - \dfrac{v_2^2}{2a_2} & \dfrac{v_2}{a_2} < \tau_2 \end{cases}$$

式中，a_1=7.8m/s²；a_2=7.8m/s²；τ_1 为系统延迟，τ_1=0.5s；τ_2 为制动时间，τ_2=1.5s。

（3）伯克利模型　伯克利模型也设置了报警距离和制动距离。报警距离是沿用马自达模型的安全车距值来设定的，并假定前车和自车最大减速度相等；制动距离是在两车相碰撞前的时刻报警，该算法旨在减轻碰撞对驾驶员的损伤严重程度，亦即驾驶员听到报警时两车即将发生碰撞。该算法综合了马自达模型和本田模型的优点，建立了一个保守的报警距离和一个冒险的制动距离。报警预先给驾驶员一个危险提示，设定冒险的制动报警可以减少对驾驶员的干扰。而在各种运动状态下均采取同样的报警距离模式，不利于系统做出准确的安全/危险判断。此外，制动报警启动时两车即将相撞，实际上该算法的制动报警只能减轻碰撞后果而不能避免追尾碰撞。

伯克利模型的报警距离为

$$d_w = \frac{1}{2}\left[\frac{v_1^2}{a_1} - \frac{(v_1 - v_{rel})}{a_2}\right] + v_1 t_{res} + d_0$$

式中，t_{res} 为车辆延迟时间和驾驶员反应时间。

伯克利模型的制动距离为

$$d_b = v_{rel} t_{res} + 0.5 a_2 t_{res}^2$$

6-15 什么是车道偏离预警系统？

车道偏离预警（Lane Departure Warning，LDW）系统是一种通过报警或振动等方式辅助驾驶员减少汽车因车道偏离而发生交通事故的系统。该系统通过摄像头检测前方车道线，计算出车身与车道线之间的距离，判断汽车是否偏离车道；在驾驶员无意识（未打转向灯）偏离原车道时，系统能在偏离车道0.5s之前发出警告，或转向盘开始振动，提示驾驶员回到本车道内，减少因汽车偏离车道引发的危险，如图6-11所示。

图6-11 车道偏离预警系统

6-16 车道偏离预警系统由哪几部分组成？

车道偏离预警系统主要由信息采集单元、电子控制单元和人机交互单元等组成，如图6-12所示。

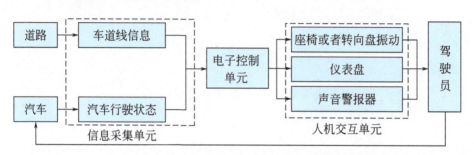

图6-12　车道偏离预警系统的组成

（1）**信息采集单元**　信息采集单元主要用于实现车道线信息和汽车自身行驶状态信息的采集。针对不同的道路条件和传感器类型，可采用不同的车道线检测方式，包括有高精度地图定位、磁传感器定位、视觉传感器定位等，其中采用视觉传感器定位的方式应用较为广泛。汽车自身行驶状态采集的信息主要包括车速、加速度、转向角等数据。在完成所有信息数据的采集后，信息采集单元需对数据进行模数转换，并传输给电子控制单元。

（2）**电子控制单元**　电子控制单元是整个系统的核心部分，需要对所有的数据进行集中处理。在处理车道线信息时，由于传感器存在测量误差，因此需要对其进行误差修正，最后综合判断汽车是否存在非正常偏离车道的现象，如果发生非正常偏离，就发出报警信息。

（3）**人机交互单元**　人机交互单元通过仪表显示界面、语音提示、座椅或转向盘振动等一种或多种方式向驾驶员提示系统当前的状态，当存在车道偏移时，提醒驾驶员及时修正行驶方向，并可以根据偏移量的大小实现不同程度的预警效果。

6-17 车道偏离预警系统的工作原理是怎样的？

基于视觉传感器定位的车道偏离预警系统的工作原理如图6-13所示，该系统使用车载视觉传感器对道路图像进行拍摄，并将获得的图像信息输入给车载电子控制单元，辨识并处理图像信息；根据识别到的车道标识线，判断汽车在这一时刻是否已经偏离正常的车道，若存在车道偏离现象，则发出预警信息，驾驶员纠正偏离车道的汽车。如果驾驶员打开转向灯，正常进行变线行驶，则车道偏离报警系统不会做出任何提示。

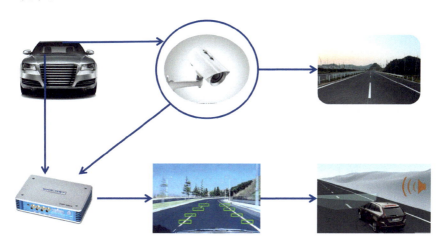

图6-13　基于视觉传感器定位的车道偏离预警系统的工作原理

6-18 车道偏离常用预警算法有哪些？

车道偏离预警算法是一种通过传感器检测车道线，并结合汽车位置信息和状态信息得到汽车与车道线间相对位置关系并对偏离状态进行判断的控制算法。目前大部分研究均基于视觉传感器获得车道线信息，结合预警决策算法辨识汽车是否有偏离原车道的趋势。现在使用频率较高的偏离预警算法有汽车当前位置算法（Car's Current Position，CCP）、汽车跨道时间算法（Time to Lane Crossing，TLC）、预瞄偏移量差异算法（Future Offset Difference，FOD），其算法示意图如图6-14所示。图中，L_l为汽车左外侧至左车道标线的距离；L_r为汽车右外侧至右车道标线的距离；L_t为汽车中轴线至车道中轴线之间的距离；d为车道宽度；b为汽车宽度；c为汽车长度；θ_e为汽车行驶航行角；L为汽车由当前位置驶出车道边界的行驶距离。

（1）CCP算法　　CCP算法是根据汽车在所行驶的车道中的当前位置信息来判断偏离车道的程度，即通过车道线检测算法计算出汽车外侧与车道线的距离信息来判断是否预警。

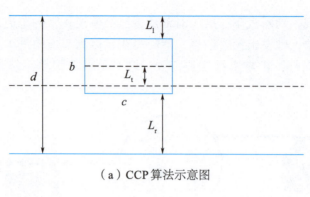

（a）CCP算法示意图

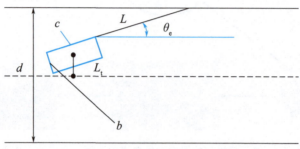

（b）TLC算法示意图

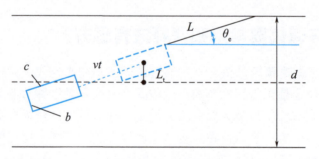

（c）FOD算法示意图

图6-14　车道偏离常用预警算法

（2）TLC算法　TLC算法是根据汽车当前状态，假设未来偏离过程中车速和航向角不变来预测未来汽车轨迹，计算出汽车跨越两侧车道线所需时间，利用该时间与设置的阈值进行对比，判断出汽车的偏离状态。

（3）FOD算法　FOD算法是在实际车道标线处向外扩展一条虚拟车道标线，该虚拟标线是根据驾驶员在自然转向时的偏离习惯而设计的，目的是降低误报率。

6-19 汽车视野盲区有哪些？

汽车视野盲区主要有前盲区、两侧盲区（包括A柱盲区、B柱盲区和C柱盲区）、后盲区和后视镜盲区，其中，最容易引发交通事故的是A柱盲区和后视镜盲区，如图6-15所示。

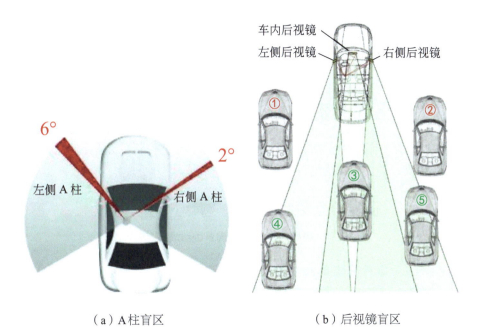

（a）A柱盲区　　　　　　　　（b）后视镜盲区

图6-15　A柱盲区和后视镜盲区

6-20 什么是盲区监测系统？

盲区监测（Blind Area Monitoring，BAM）系统也称盲点监测系统，是汽车上的一款安全类的高科技配置。它是通过视觉传感器、毫米波雷达等车载传感器检测视野盲区内有无来车，在左右两个后视镜内或者其他地方提醒驾驶员后方盲区范围内有无来车，从而消除视野盲区，提高安全行车，如图6-16所示。

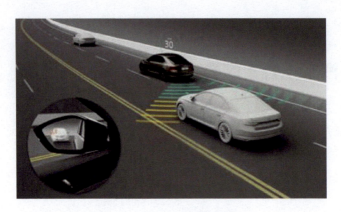

图 6-16　汽车盲区监测系统

6-21 盲区监测系统由哪几部分组成？

盲区监测系统一般由信息采集单元、电子控制单元和预警显示单元等组成，如图 6-17 所示。

信息采集单元 → 电子控制单元 → 预警显示单元

图 6-17　盲区监测系统组成

（1）**信息采集单元**　信息采集单元利用车载传感器检测汽车盲区里是否有行人或其他行驶车辆，并把采集到的有用信息传输给电子控制单元。后视镜盲区的信息采集一般采用毫米波雷达；A 柱盲区的信息采集一般采用摄像头。

（2）**电子控制单元**　电子控制单元对传感器采集到的信息进行分析判断，向预警显示单元发送信息。

（3）**预警显示单元**　预警显示单元接收电子控制单元的信息，如果有危险，则发出预警显示，此时不可变道。

6-22 盲区监测系统的工作原理是怎样的？

盲区监测系统是通过安装在车辆尾部或侧方的传感器检测后方来车或行人，传感器有视觉传感器、毫米波雷达等，电子控制单元对于传感器采集的信息进行分析处理，如果盲区内有车辆或行人，预警显示单元会通过发出报警声音或在后视镜中显示报警信息等方式告知驾驶员，如

图6-18所示。如果此时驾驶员没有注意到系统提醒,开启转向灯准备变道,预警显示单元会增加报警强度来警告驾驶员,避免交通事故的发生。

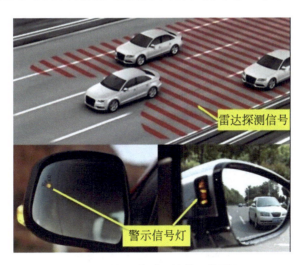

图6-18　盲区监测系统的工作原理

对于智能网联汽车,也可以采用V2V和V2I之间通信,告知驾驶员盲区内是否有车辆或行人。

6-23 什么是变道辅助系统?

变道辅助系统是通过毫米波雷达、摄像头等传感器,对车辆相邻两侧车道及后方进行探测,获取车辆侧方及后方物体的运动信息,并结合当前车辆的状态进行判断,最终以声、光等方式提醒驾驶员,让驾驶员掌握最佳变道时机,防止变道引发的交通事故,同时对后方碰撞也有比较好的预防作用,如图6-19所示。

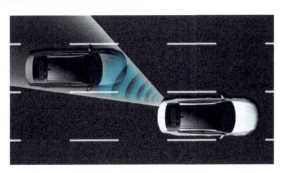

图6-19　变道辅助系统

变道辅助系统包括盲区监测、变道预警、后碰预警3个功能，可以有效地防止变道、转弯、后方追尾等交通事故的发生，极大提升汽车变道操作的安全性。

（1）盲区监测　盲区监测是根据其判断的移动物体所处的相对位置及与本车的相对速度，当处于本车的盲区范围内时，及时提醒驾驶员注意变道出现的风险。

（2）变道预警　变道预警是检测目标车辆在相邻的区域以较大的相对速度靠近本车，在两车时距小于一定范围内时，通过声、光等方式提醒驾驶员。

（3）后碰预警　后碰预警是检测到同一车道后方有快速接近的移动物体，并有碰撞风险时，及时通过声、光等方式，预警驾驶员系好安全带等方式减小碰撞带来的伤害。

6-24 什么是驾驶员疲劳预警系统？

驾驶员疲劳预警系统是指驾驶员精神状态下滑或进入浅层睡眠时，系统会依据驾驶员精神状态指数分别给出视觉、听觉和触觉等警示，警告驾驶员已经进入疲劳状态，需要休息，如图6-20所示。其作用就是监视并提醒驾驶员自身的疲劳状态，减少驾驶员疲劳驾驶的潜在危害。

图6-20　驾驶员疲劳预警系统

驾驶员疲劳预警系统也称为驾驶员注意力监测系统、防疲劳预警系统、疲劳识别系统、注意力警示辅助系统、驾驶员安全警告系统等。

6-25 驾驶员疲劳预警系统由哪几部分组成？

驾驶员疲劳预警系统一般由信息采集单元、电子控制单元和预警显示单元等组成，如图6-21所示。

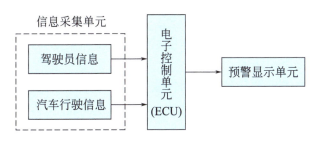

图6-21 驾驶员疲劳驾驶预警系统组成

（1）信息采集单元　信息采集单元主要利用传感器采集驾驶员信息和汽车行驶信息，驾驶员信息包括驾驶员的面部特征、眼部信号、头部运动性等；汽车行驶信息包括转向盘转角、行驶速度、行驶轨迹等，这些信息的采集取决于系统的设计。

（2）电子控制单元　电子控制单元接收信息采集单元传送的信号，进行运算分析，判断驾驶员疲劳状态；如果经计算分析发现驾驶员处于一定的疲劳状态，则向预警显示单元发出信号。

（3）预警显示单元　预警显示单元根据电子控制单元传递的信息，通过语音提示、振动提醒、电脉冲警示等方式对驾驶员疲劳进行预警。

6-26 驾驶员疲劳检测方法有哪些？

驾驶员疲劳检测方法主要有基于驾驶员生理信号的检测方法、基于驾驶员生理反应特征的检测方法、汽车行驶状态的检测方法和多特征信息融合的检测方法等。

（1）基于驾驶员生理信号的检测方法　驾驶员在疲劳状态下，一些生理指标如脑电波、心电波、肌电波、脉波、呼吸等会偏离正常状态，因此，可以通过生理传感器检测驾驶员的这些生理指标来判断驾驶员是否处于疲劳状态。基于驾驶员生理信号的检测方法客观性强，准确性高，但与检测仪器有较大关系，而且都是接触式检测，会干扰驾驶员的正常操作，影响行车安全。另外，由于不同人的生理信号特征有所不同，并与心理活动关联较大，在实际用于驾驶员疲劳检测时有很大的局限性。

（2）基于驾驶员生理反应特征的检测方法　基于驾驶员生理反应特征的检测方法一般采用非接触式检测途径，利用机器视觉技术检测驾驶员面部的生理反应特征，如眼睛特征、视线方向、嘴部状态、头部位置等来判断驾驶员的疲劳状态。基于驾驶员生理反应特征的检测方法的优点是表征疲劳的特征直观、明显，可实现非接触测量；缺点是检测识别算法比较复杂，疲劳特征提取困难，且检测结果受光线变化和个体生理状况的变化影响较大。

（3）基于汽车行驶状态的检测方法　基于汽车行驶状态的疲劳检测方法不是从驾驶员本人出发去研究，而是从驾驶员对汽车的操控情况去间接判断驾驶员是否疲劳。该种检测方法主要利用车载传感器检测汽车行驶状态，间接推测驾驶员的疲劳状态。基于汽车行驶状态的检测方法优点是非接触检测，信号容易提取，不会对驾驶员造成干扰，以汽车的现有装置为基础，只需增加少量的硬件，具有很高的实用价值。其缺点是受到汽车的具体型号、道路的具体情况及驾驶员的驾驶习惯、驾驶经验和驾驶条件等限制，目前此方法测量的准确性不高。

（4）基于多特征信息融合的检测方法　依据信息融合技术，将基于驾驶员生理特征、驾驶行为和汽车行驶状态相结合是理想的检测方法，大大降低了采用单一方法造成的误警或漏警现象。信息融合技术的应用，使疲劳检测技术得到更进一步的发展和提高，能客观、实时、快捷、准确地判断出驾驶员的疲劳状态，避免疲劳驾驶所引起的交通事故，是疲劳检测技术的发展方向。

6-27 什么是车道保持辅助系统？

车道保持辅助系统（Lane Keeping Assist System，LKAS）是一种能够主动检测汽车行驶时的横向偏移，并对转向和制动系统进行协调控制的系统。该系统是在车道偏离预警系统的基础上发展起来的，能够实现主动对车道偏离现象进行纠正，使汽车保持在预定的轨道上行驶，从而减轻驾驶员的负担，减少交通事故的发生，如图6-22所示。

图6-22　车道保持辅助系统

6-28 车道保持辅助系统由哪几部分组成？

车道保持辅助系统主要由信息采集单元、电子控制单元和执行单元等组成，如图6-23所示。

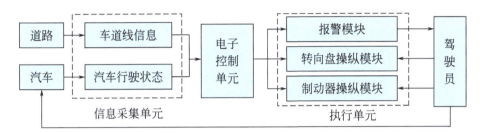

图6-23　车道保持辅助系统的组成

（1）信息采集单元　信息采集单元在车道保持辅助系统中的功能与车道偏离预警系统的功能相似，主要通过车载传感器采集车道信息和汽车自身行驶信息并发送给电子控制单元。

（2）电子控制单元　电子控制单元主要通过特定的算法对信息进行处理，并判断是否做出车道偏离修正的相应操作。该单元性能直接影响车道偏离修正的及时性，因此在选择中央处理器和设计控制算法时，要着重考虑运算能力和运算速度。

（3）执行单元　执行单元主要分为3个部分，即报警模块、转向盘操纵模块和制动器操纵模块。其中报警模块与车道偏离预警系统类似，通过转向盘或座椅振动、仪表盘显示、声音警报中的一种或多种形式实现。转向盘操纵模块和制动器操纵模块是车道保持辅助系统中特有的，其主要实现横向运动和纵向运动的协同控制，并保证汽车在LKAS工作期间具有一定的行驶稳定性。

6-29 车道保持辅助系统的工作原理是怎样的？

车道保持辅助系统可以在行车的全程或速度达到某一阈值后开启，并可以手动关闭，实时保持汽车的行驶轨迹。当系统正常工作时，信息采集单元通过车载传感器采集车道线、车速、转向盘转角以及汽车速度等信息，电子控制单元对这些信息进行处理，比较车道线和汽车的行驶方向，判断汽车是否偏离行驶车道。当汽车行驶可能偏离车道时，发出报警信息；当汽车距离偏离侧车道线小于一定阈值或已经有车轮偏离出车道线时，电子控制单元计算出辅助操舵力和减速度，根据偏离的程度控制转向盘和制动器的操纵模块，施加操舵力和制动力使汽车稳定地回到正常轨道；若驾驶员打开转向灯，正常进行变线行驶，则系统不会做出任何提示。

车道保持辅助系统的工作过程如图6-24所示，在系统起作用时，将不同时刻的汽车行驶照片重叠后可以看出，图中后面起第二个车影已经偏离了行驶轨迹，于是系统发出报警信息，第三个车影和第四个车影是系统主动进行车道偏离纠正的过程，在第五个车影时，汽车已经重新处于正确的行驶轨迹上，车道保持辅助系统完成了一个完整的工作周期。

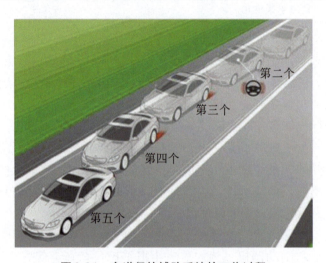

图6-24 车道保持辅助系统的工作过程

6-30 什么是自动刹车辅助系统？

汽车自动刹车辅助（Automatic Braking Assistance，AEB）系统也称为自动紧急制动系统，它可以预知潜在的碰撞危险并及时通知驾驶员，而且在必要的情况下，此系统会自动控制制动踏板完成刹车操作，以避免或减轻碰撞伤害，如图6-25所示。

目前，全球主流的汽车厂商都有自己的预碰撞安全系统，不过各个厂商的叫法各不相同，功能的实现效果及技术细节会有所不同，如大众Front Assist预碰撞安全系统、沃尔沃CWAB系统、奔驰Pre-safe安全系统、斯巴鲁Eye Sight安全系统等。

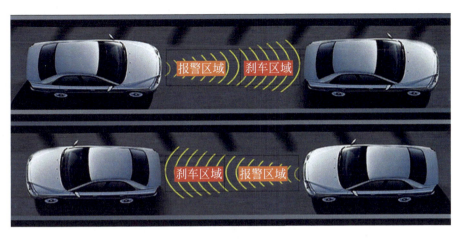

图6-25 自动刹车辅助系统

6-31 自动刹车辅助系统由哪几部组成？

自动刹车辅助系统主要由行车环境信息采集单元、电子控制单元和执行单元等组成，如图6-26所示。

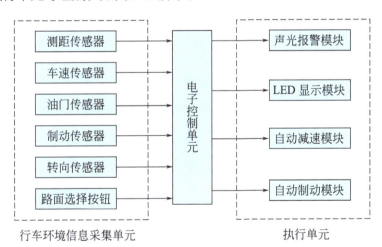

图6-26 自动刹车辅助系统组成

（1）行车环境信息采集单元　行车环境信息采集单元由测距传感器、车速传感器、油门传感器、制动传感器、转向传感器、路面选择按钮等组成，对行车环境进行实时检测，得到相关行车信息。

（2）电子控制单元　电子控制单元接收行车环境信息采集单元的检

测信号后，综合收集到的数据信息，依照一定的算法程序对车辆行驶状况进行分析计算，判断车辆所适用的预警状态模型，同时对执行单元发出控制指令。

（3）**执行单元** 执行单元可以由多个模块组成，如声光报警模块、LED显示模块、自动减速模块和自动制动模块等，根据系统不同而不同。它用来接收电子控制单元发出的指令，并执行相应的动作，达到预期的预警效果，实现相应的车辆刹车功能。

6-32 自动刹车辅助系统的工作原理是怎样的？

自动刹车辅助系统采用测距传感器测出与前车或者障碍物的距离，然后利用电子控制单元将测出的距离与报警距离、安全车距等进行比较，小于报警距离时就进行报警提示，而小于安全车距时即使在驾驶员没来得及踩制动踏板的情况下，自动刹车辅助系统也会启动，使汽车自动制动，从而为安全出行保驾护航。

如图6-27所示为某汽车自动刹车辅助系统的工作过程。AEB从传感器探测到前方车辆（目标车）开始，持续监测与前车之间的距离以及前车的车速，同时从总线获取本车的车速信息，通过简单的运算，结合对普通驾驶者反应能力的研究，判断当前形势并做出合适的应对。

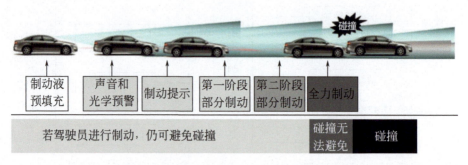

图6-27 某汽车自动刹车辅助系统的工作过程

6-33 自动刹车辅助系统有哪些类型？

自动刹车辅助系统主要有3种应用类型，即城市专用AEB系统、高速公路专用AEB系统和行人保护专用AEB系统。

（1）**城市专用AEB系统** 城市交通事故大多发生在路口等待、交通拥堵等情况下，因为驾驶员注意力分散，忽视了自身的车速和与前车的距离，造成碰撞事故。城市内驾驶特点是速度慢，易发生不严重的碰撞。城市专用AEB系统可以监测前方路况与车辆移动情况，如果探测到潜在的风险，它将采取预制动措施，提醒驾驶员风险的存在；如果在反应时间内未接到驾驶员的指令，该系统则会自动制动来避免事故。而在任何时间点内，如果驾驶员采取了紧急制动或猛打转向盘等措施，该系统将停止。

（2）高速公路专用AEB系统　在高速公路上发生的事故与城市交通事故相比，其特点不同。高速公路上的驾驶员可能由于疲劳驾驶，当意识到危险时车速过快无法控制车辆。为了能保证这种行驶情况下的安全，AEB系统必须能用相应的控制策略来应对。系统在车辆高速行驶状态下工作，首先通过报警来提醒驾驶员潜在的危险。如果在反应时间内，驾驶员没有任何反应，第二次警示系统将启动，比如突然的制动或安全带收紧，此时制动器将调至预制动状态；如果驾驶员依然没有反应，那么该系统将会自动实施制动。

（3）行人保护专用AEB系统　除探测道路上的车辆外，还有一类AEB系统是用来检测行人和其他公路上弱势群体的。通过车上一个前置摄像头传来图像，可以辨别出行人的图形和特征，通过计算相对运动的路径，以确定是否有撞击的危险。如果有危险，系统可以发出警告，并在安全车距内，制动系统采用全制动使车辆停止行驶。实际情况下预测行人行为是比较困难的，系统控制的算法也非常复杂。该系统需要在危险发生前更迅速地做出正确判断，更有效地做出响应，防止危险事态发生，同时也需要避免系统在特定情况下发生误触发，如图6-28所示。

图6-28　行人保护专用AEB系统

6-34 什么是汽车自适应巡航控制系统？

汽车自适应巡航控制（Adaptive Cruise Control，ACC）系统是在定速巡航控制系统基础上发展起来的新一代汽车先进驾驶辅助系统。该系统在工作过程中，通过安装在汽车前部的车距传感器持续扫描汽车前方的行驶车辆或道路，采集车距信息，并结合轮速传感器采集的自身车速信息，综合对汽车的纵向行驶速度进行控制。当主车与前方车辆之间的距离不在安全车距范围时，ACC控制单元通过与制动系统、发动机控制系统协调动作，改变制动力矩和发动机输出功率，对汽车行驶速度进行控制，使主车在一定的限速范围内与前方车辆始终保持安全行驶，避免追尾事故发生，同时提高通行效率，如图6-29所示。如果主车前方没有车辆，则主车按设定的车速巡航行驶。

图6-29 汽车ACC系统

对于电动汽车，发动机更换为驱动电动机，通过改变制动力矩和驱动电动机的输出功率，控制电动汽车的行驶速度。

汽车ACC系统分为基本型和全速型。

（1）**基本型ACC** 基本型ACC一般在车速大于30km/h时才会起作用，而当车速降低到30km/h以下时，就需要驾驶员进行人工控制。

（2）**全速型ACC** 全速型ACC在车速低于30km/h直至汽车静止时一样可以适用，在低速行驶时仍能保持与前车的距离，并能对汽车进行制动直至其处于静止状态。

6-35 汽车自适应巡航控制系统由哪几部分组成？

燃油汽车ACC系统主要由信息感知单元、电子控制单元（ECU）、执行单元和人机交互界面等组成，如图6-30所示。

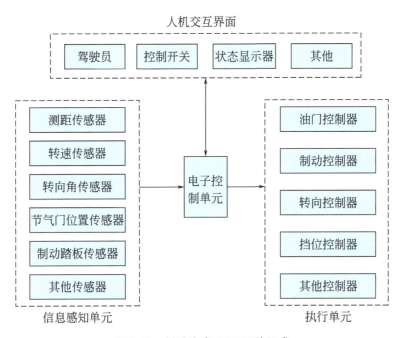

图6-30　燃油汽车ACC系统组成

（1）信息感知单元　信息感知单元主要用于向电子控制单元提供ACC所需要的各种信息，主要由测距传感器、转速传感器、转向角传感器、节气门位置传感器、制动踏板传感器等组成。测距传感器用来获取主车与前方目标车辆之间的距离信号，一般使用激光雷达或毫米波雷达，也有使用视频传感器的；转速传感器用于获取实时车速信号；转向角传感器用于获取汽车转向信号；节气门位置传感器用于获取节气门开度信号；制动踏板传感器用于获取制动踏板动作信号。

（2）电子控制单元　电子控制单元根据驾驶员所设定的安全车距及车速，结合信息感知单元传送来的信息确定主车的行驶状态，决策出汽车的控制策略，并输出油门开度和制动压力信号给执行单元。例如当主车与前方的目标车辆之间的距离小于设定的安全车距时，电子控制单元计算实际车距和安全车距之差及相对速度的大小，选择减速方式，或者通过报警器向驾驶员发出报警，提醒驾驶员采取相应的措施。

（3）执行单元 执行单元主要执行电子控制单元发出的指令,实现主车速度和加速度的调整,它包括油门控制器、制动控制器、转向控制器和挡位控制器等。油门控制器用于调整节气门的开度,使汽车作加速、减速及定速行驶;制动控制器用于控制制动力矩或紧急情况下的制动;转向控制器用于控制汽车的行驶方向;挡位控制器用于控制汽车变速器的挡位。

（4）人机交互界面 人机交互界面用于驾驶员设定系统参数及系统状态信息的显示等。驾驶员可通过设置在仪表盘或转向盘上的人机界面启动或清除ACC系统控制指令。启动ACC系统时,要设定主车与目标车辆之间的安全车距以及在巡航状态下的车速,否则ACC系统将自动设置为默认值,但所设定的安全车距不可小于设定车速下交通法规所规定的安全车距。

电动汽车ACC系统也是由信息感知单元、电子控制单元、执行单元和人机交互界面等组成,如图6-31所示。电动汽车相对于燃油汽车,其ACC系统的信息采集单元没有节气门位置传感器,执行单元没有油门控制器和挡位控制器,相应增加电动机控制器和再生制动控制器。信息感知单元将传感器测量的距离、速度和加速度等信号输入到电子控制单元;电子控制单元对主车行驶环境及运动状态进行分析、计算、决策,输出转矩和制动压力信号;执行单元用于完成电子控制单元的指令,通过控制电动机和制动执行器来调节主车的行驶速度;人机交互界面为驾驶员对系统的运行进行观察和干预控制提供操作界面。

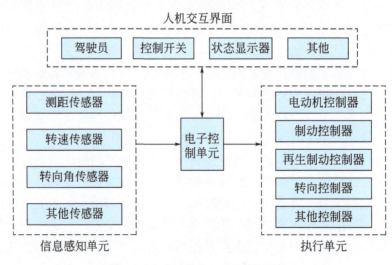

图6-31 电动汽车ACC系统组成

6-36 汽车自适应巡航控制系统的工作原理是怎样的？

燃油汽车ACC系统的工作原理如图6-32（a）所示。驾驶员启动ACC系统后，汽车在行驶过程中，安装在汽车前部的车距传感器持续扫描汽车前方道路，同时轮速传感器采集车速信号。如果主车前方没有车辆或与前方目标车辆距离很远且速度很快时，控制模式选择模块就会激活巡航控制模式，ACC系统将根据驾驶员设定的车速和轮速传感器采集的本车速度自动调节加速踏板等，使得主车达到设定的车速并巡航行驶；如果目标车辆存在且离主车较近或速度很慢，控制模式选择模块就会激活跟随控制模式，ACC系统将根据驾驶员设定的安全车距和轮速传感器采集的本车速度计算出期望车距，并与车距传感器采集的实际距离比较，自动调节制动压力和油门开度等使得汽车以一个安全车距稳定地跟随前方目标车辆行驶。同时，ACC系统会把汽车目前的一些状态参数显示在人机界面上，方便驾驶员的判断，也装有紧急报警系统，在ACC系统无法避免碰撞时及时警告驾驶员并由驾驶员处理紧急状况。

电动汽车ACC系统的工作原理如图6-32（b）所示，它与燃油汽车ACC系统工作原理基本一样，唯一区别是燃油汽车控制的是油门开度，调节发动机输出转矩；电动汽车控制的是电动机转矩，调节电动机的输出转矩，而且增加了再生制动控制。

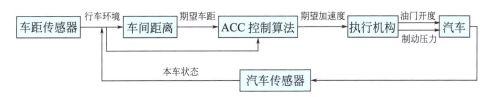

（a）燃油汽车ACC系统的工作原理

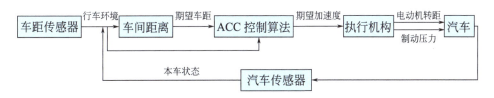

（b）电动汽车ACC系统的工作原理

图6-32　汽车ACC系统的工作原理

6-37 汽车自适应巡航控制系统有哪些工作模式?

汽车ACC系统工作模式主要有定速巡航、减速控制、跟随控制、加速控制、停车控制和启动控制等,如图6-33所示。图中假设主车设定车速为100km/h,目标车辆行驶速度为80km/h。

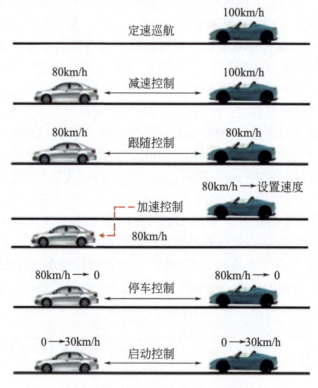

图6-33 汽车ACC系统的工作模式

(1) **定速巡航** 定速巡航是汽车ACC系统最基本的功能。当主车前方无目标车辆行驶时,主车将处于普通的巡航行驶状态,ACC系统按照设定的行驶车速对汽车进行定速巡航控制。

(2) **减速控制** 当主车前方有目标车辆,且目标车辆的行驶速度慢于主车的行驶速度时,ACC系统将控制主车进行减速,确保主车与前方目标车辆之间的距离为所设定的安全车距。

(3) **跟随控制** 当ACC系统将主车速度减至设定的车速值之后采用跟随控制,与前方目标车辆以相同的速度行驶。

(4) **加速控制** 当前方的目标车辆加速行驶或发生移线,或当主车移线行驶使得前方又无行驶车辆时,ACC系统将对主车进行加速控制,使主车恢复到设定的车速。在恢复设定的车速后,ACC系统又转入对主车的巡航控制。

(5)**停车控制**　若目标车辆减速停车,主车也减速停车。

(6)**启动控制**　若主车处于停车等待状态,当目标车辆突然启动时,主车也将启动,与目标车辆行驶状态保持一致。

当驾驶员参与汽车驾驶后,ACC系统自动退出对汽车的控制。

6-38 什么是交通拥堵辅助系统?

交通拥堵辅助系统融合了自适应巡航控制功能和车道保持辅助功能,实现了横向和纵向操控,如图6-34所示。自适应巡航控制系统可以持续监控前方车辆,自动调节车速以保持与前车的安全车距;同时,自适应巡航系统中的自动跟车功能还可以根据前车情况的变化自动加速或减速,使车辆保持预先设定的安全车距。车道保持辅助系统可以辅助驾驶员轻松地使车辆安全行驶在各自车道中间。交通拥堵辅助系统让驾驶员轻松面对复杂的交通路况,减轻驾驶员的驾驶压力,为复杂交通路况提供了理想的解决方案。

图6-34　交通拥堵辅助系统

6-39 什么是自动泊车辅助系统?

自动泊车辅助系统是利用车载传感器探测有效泊车空间并辅助控制

车辆完成泊车操作的一种汽车先进驾驶辅助系统,如图 6-35 所示。

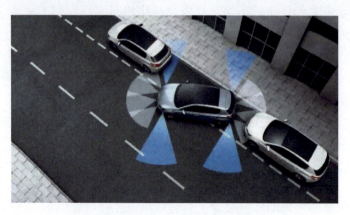

图 6-35 自动泊车辅助系统

相比于传统的电子辅助功能,比如倒车雷达、倒车影像显示等,自动泊车辅助系统智能化程度更高,减轻了驾驶员的操作负担,有效降低了泊车的事故率。

6-40 自动泊车辅助系统由哪几部分组成?

自动泊车辅助系统主要由感知单元、中央控制器、转向执行机构和人-机交互系统组成,如图 6-36 所示。

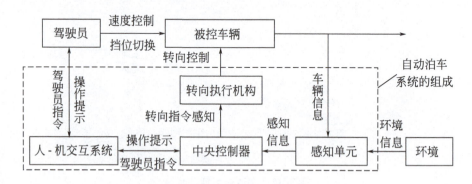

图 6-36 自动泊车辅助系统的组成

(1) 感知单元 通过车位检测传感器、避障保护传感器、轮速传感器、陀螺仪、挡位传感器等实现对环境信息和汽车自身运动状态的感知,并把感知信息输送给泊车系统的中央控制器。

（2）中央控制器　中央控制器主要分析处理感知单元获取的环境信息以及汽车泊车运动控制。在泊车过程中，泊车系统控制器实时接收并处理汽车避障传感器输出的信息，当汽车与周围物体相对距离小于设定安全值时，泊车系统控制器将采取合理的汽车运动控制。

（3）转向执行机构　转向执行机构由转向系统、转向驱动电动机、转向电动机控制器、转向柱转角传感器等组成，转向执行机构接收中央控制器发出的转向指令后执行转向操作。

（4）人－机交互系统　在泊车过程中，人-机交互系统显示一些重要信息给驾驶员。

6-41 自动泊车辅助系统的工作原理是怎样的？

自动泊车辅助系统工作原理是通过车载传感器扫描汽车周围环境，通过对环境区域的分析和建模，搜索有效泊车位，当确定目标车位后，系统提示驾驶员停车并自动启动自动泊车程序，根据所获取的车位大小、位置信息，由程序计算泊车路径，然后自动操纵汽车泊车入位。自动泊车辅助系统的工作过程如图6-37所示。

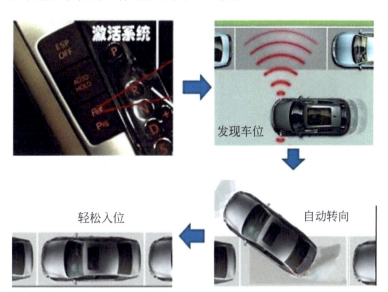

图6-37　自动泊车辅助系统的工作过程

（1）激活系统　汽车进入停车区域后缓慢行驶，人工开启自动泊车辅助系统，或者根据车速自动启动泊车辅助系统。

(2) 车位检测　通过车载传感器获取环境信息,主要采用测距传感器(如雷达)和视觉传感器(如摄像头),然后识别出目标车位。

　　(3) 路径规划　根据所获取的环境信息,中央控制器对汽车和环境建模,计算出一条能使汽车安全泊入车位的路径。

　　(4) 路径跟踪　通过转角、油门和制动的协调控制,使汽车跟踪预先规划的泊车路径,实现轻松泊车入位。

6-42 什么是全景泊车系统?

　　全景泊车系统通过安装在车身周围的多个超广角摄像头,同时采集车辆四周的影像,经过图像处理单元矫正和拼接之后,形成一副车辆四周的全景俯视图,实时传送至中控台的显示设备上;驾驶员坐在车中即可以直观地看到车辆所处的位置以及车辆周边的障碍物,从容操纵泊车入位或通过复杂路面,有效减少剐蹭、碰撞等事故的发生,如图6-38所示。

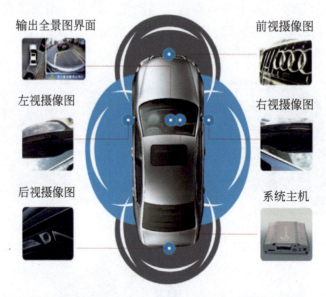

图6-38　全景泊车系统

6-43 什么是汽车自适应前照明系统?

　　汽车自适应前照明系统(Adaptive Front-lighting System,AFS)可以根据天气情况、外部光线、道路状况以及行驶信息来自动控制前照灯

图6-39 汽车自适应前照明系统

角度，避免直射迎面车辆驾驶员，如图6-39所示。AFS利用车载摄像机辨识交通情况，从而控制灯光角度，以保证路面最佳的照明和安全性；照射距离达到65～300m的范围，完全可以让驾驶员清晰观察前路；如果对方车道没有前方车辆，前照灯将自动转变为远光模式。汽车AFS是未来汽车前照明系统的主要发展方向。

6-44 汽车自适应前照明系统由哪几部分组成？

汽车自适应前照明系统主要由传感器单元、CAN总线传输单元、控制单元（ECU）和执行单元等组成，如图6-40所示。

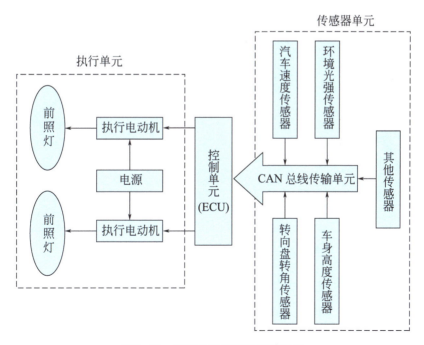

图6-40 汽车自适应照明系统组成

(1) **传感器单元** 传感器单元采集车辆当前信息（如车速、车辆姿态、转向角度等）和外部环境（如弯道、坡度和天气等）的变化信息，包括汽车车速传感器、转向盘转角传感器、环境光强传感器、车身高度传感器、位置传感器等。

(2) **CAN总线传输单元** CAN总线传输单元负责把各种传感器采集的信息传输给控制单元，实现内部控制与各种传感器检测以及执行机构之间的数据通信。

(3) **控制单元（ECU）** 控制单元需要对车辆行驶状态做出综合判断，输出脉冲变量给执行单元。

(4) **执行单元** 控制单元输出的信号给执行单元的执行电动机，调节前照灯的照射距离和角度，为驾驶员提供更广阔的视野，保障行车安全。

6-45 汽车自适应前照明系统有哪些工作模式？

汽车AFS能够根据道路和天气环境的变化适时地开启相应的照明模式，如图6-41所示为AFS不同工作模式下的照射光形。

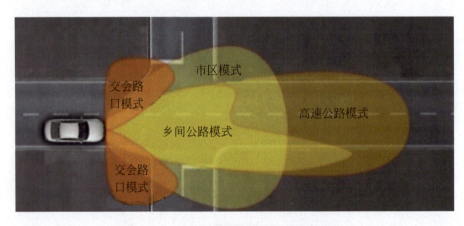

图6-41 AFS不同工作模式下的照射光形

汽车AFS照明模式主要有基础照明模式、弯道照明模式、市区道路照明模式、高速公路照明模式、乡村公路照明模式和恶劣天气照明模式等。

(1) **基础照明模式** 汽车在行驶过程中，当道路状况及环境气候均处于正常状况时，前照明系统的工作模式相当于传统的汽车照明系统，其照明模式为基础照明模式。在基础照明模式下，前照明系统不做任何调整。

（2）弯道照明模式 当汽车进入弯道时，转向盘转角传感器和车速传感器共同作用采集数据，控制单元根据传感器采集的数据计算出车灯需要偏转的角度，驱动步进电动机转动以使大灯转动。

（3）市区道路照明模式 市区道路行车的特点是车速较低，车流量和人流量都很大，外界照明条件好，十字路口多，发生随机性事故的可能性较大。在这样的道路上行车要求视野清晰，防止炫光。

（4）高速公路照明模式 汽车行驶在高速公路上时，当车速传感器检测到车速大于70km/h，并根据GPS判断其为高速行驶模式时，系统自动开启高速公路照明模式。汽车前照灯照射光线随着车速的增加在垂直方向上抬高，以使光线能够照射更远，保证驾驶员能够在安全车距之外发现前方的车辆。

（5）乡村公路照明模式 AFS工作在乡村公路照明模式时，通过环境光强传感器、车速传感器和GPS用来判断外界行驶条件，决定是否开启乡村公路照明模式。在乡村公路照明模式下，系统通过增大左右前照灯的输出功率，增强光照亮度来补充照明。

（6）恶劣天气照明模式 恶劣天气照明模式主要针对的是阴雨天气，此时地面的积水会将前照灯打在地面上的光线反射至对面会车驾驶员的眼睛中，使其眩目，进而可能造成交通事故。在阴雨天气下行驶的车辆，AFS根据检测路面湿度、轮胎滑移以及雨量传感器判断系统状态为雨天模式，AFS驱动垂直调高电动机，降低前照灯垂直输出角，并调节其照射强度，避免反射炫光在60m范围内对迎面行车驾驶员造成眩目。

6-46 什么是汽车夜视辅助系统？

汽车夜视辅助系统是一种利用红外成像技术辅助驾驶员在黑夜中看清道路、行人和障碍物等，减少事故发生，增强主动安全的系统，如图6-42所示。

按照工作原理不同，汽车夜视辅助系统可以分为主动夜视辅助系统和被动夜视辅助两种。

图 6-42　汽车夜视辅助系统

（1）**主动夜视辅助系统**　主动夜视辅助系统是采用主动红外成像技术，把目标物体反射或自身辐射的红外辐射图像转换成人眼可观察的图像，这种系统本身必须具备光源，不发出热量的物体也可以被看到，通过图像处理提高清晰度，道路标志清晰可见。

（2）**被动夜视辅助系统**　被动夜视辅助系统采用热成像技术，基于目标与背景的温度和辐射率差别，利用辐射测温技术对目标逐点测定辐射强度而形成可见的目标热图像，这种系统本身没有光源，仅依靠对物体本身发出的光线进行识别，不发出热量的物体看不清或看不到。图像清晰度取决于天气条件和时间段，图像与实际景象不完全符合。

6-47 汽车夜视辅助系统由哪几部分组成？

汽车主动夜视辅助系统主要由红外发射单元、红外成像单元、控制单元（ECU）和图像显示单元等组成，如图6-43所示。

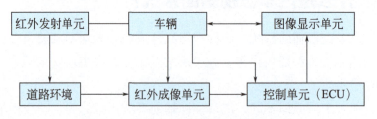

图 6-43　汽车主动夜视辅助系统的组成

（1）红外发射单元 红外发射单元位于两个前照灯内，当它被激活时，产生的红外线用于照射车辆前方区域，相应的夜视图等同于在远光灯下透过挡风玻璃所见到的情景。

（2）红外成像单元 红外成像单元主要是红外图像摄像头，记录车辆前方区域内的图像，并提供其探测范围内是否存在行人或障碍物的信息，然后通过数字视频线将数据发送给控制单元（ECU）。

（3）控制单元（ECU） ECU分析红外成像单元传来的数据，再通过集成化数据处理，将画面传输给图像显示单元，其中识别的行人和动物，以高亮度显示。一般对于数字化的CCD摄像头，采集到信号后，会进行必要的去噪声、信号增强等处理，然后再送给图像显示单元。

（4）图像显示单元 图像显示单元接收控制单元传来的信号并显示，驾驶员就可以清晰地看到前大灯照射范围之外的景物，避免出现意外。

6-48 汽车夜视辅助系统的工作原理是怎样的？

由一个红外感应摄像头记录交通状况并将该信息发送至控制单元；控制单元对视频图像进行处理，然后发送到仪表盘上的显示屏，驾驶员可以通过显示屏看到一个灰度图像，相当于在远光灯开启时通过挡风玻璃观察车辆前方，如图6-44所示。

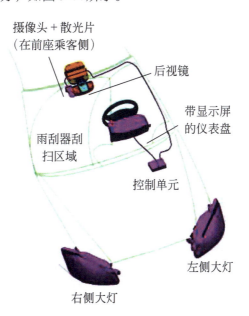

图6-44 汽车夜视辅助系统的工作原理

6-49 什么是汽车平视显示系统？

汽车平视显示系统（Head up Display，HUD）也称抬头数字显示系统或抬头显示器，如图6-45所示。它是利用光学反射原理，将汽车驾驶辅助信息、导航信息、检查控制信息以及ADAS信息等以投影方式显示在挡风玻璃上或约2m远的前方、发动机罩的上方，阅读起来非常舒适，同时还可以显示来自各个驾驶辅助系统的警告信息，例如车道偏离警告、来自带行人识别功能的夜视辅助系统的行人避让警告等，避免驾驶员在行车过程中频繁低头看仪表或车载屏幕，对于行车安全起着很好的辅助作用。汽车平视显示系统主要由图像源、光学系统和图像合成器等组成。

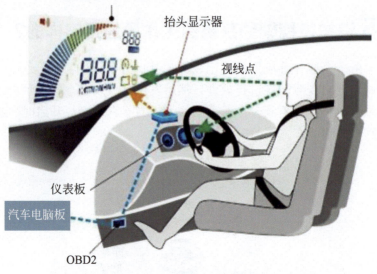

图6-45 汽车平视显示系统

6-50 什么是车路协同控制？

车路协同控制是指基于无线通信、传感探测等技术进行车路信息获取，通过车-车、车-路信息交互和共享，实现车辆和基础设施之间智能协同与配合，达到优化利用系统资源、提高道路交通安全、缓解交通拥堵的目标，如图6-46所示。

图6-46 车路协同控制

车路协同控制已成为智能交通发展的新方向,而新一代的通信技术则是车路协同控制的关键,它为智能交通提供车与路、车与车之间高速可靠的智能传输通道,如图6-47所示。

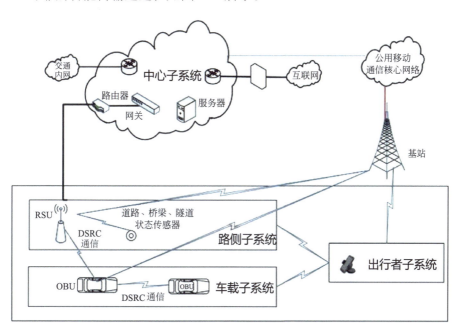

图6-47 V2V和V2I之间的通信技术

6-51 什么是交叉路口辅助控制？

交叉路口通行辅助控制是依托机器视觉技术与图像处理技术，实现对交通信号灯和路口行人的检测与识别，完成环境信息获取，为驾驶员交叉路口行车提供辅助及预警，提高车辆的行驶安全性，如图6-48所示。

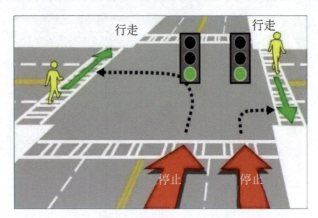

图6-48 交叉路口通行辅助控制

6-52 什么是协同式汽车列队行驶控制？

协同式汽车列队行驶控制是通过控制手段实现自动驾驶汽车自动组队以较小间距沿相同路径行驶，提高道路车辆密度，简化交通控制复杂程度，在缓解交通压力的同时还可以降低油耗，节约能源，如图6-49所示。

图6-49 协同式汽车列队行驶控制

6-53 智能网联汽车自动驾驶包括哪些系统？

智能网联汽车实现自动驾驶必须包括感知系统、决策系统和执行系统，如图6-50所示。

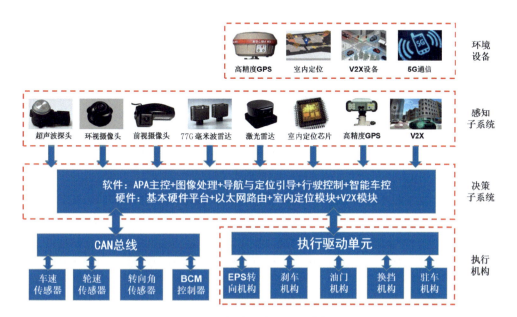

图6-50　自动驾驶通用技术框架

（1）**感知系统**　感知系统就是感知车辆、感知环境，告诉系统所处的位置，周围的环境是什么。目前，感知层主要是采用传感器技术，它就是自动驾驶车的"眼睛"，包含了激光雷达、毫米波雷达、摄像头、超声波传感器、高精度定位、高精度地图、V2X等技术。

（2）**决策系统**　决策系统就是在获取感知数据后，会针对数据进行分析、决策和预测，解决系统该对环境做出什么反应，预测之后可能会发生什么情况的问题。

（3）**执行系统**　执行系统是通过车辆的执行机构完成相应的制动、转向、驱动等操控动作。

要实现自动驾驶，除了算法创新、系统融合之外，还需要来自云平台的支持。

6-54 智能网联汽车自动驾驶的控制结构是怎样的？

智能网联汽车自动驾驶控制的核心技术是车辆的纵向控制和横向控制技术。纵向控制是车辆的驱动与制动控制；横向控制是转向盘角度的调整以及轮胎力的控制。实现了纵向和横向自动控制，就可以按给定目标和约束自动控制汽车行驶。

智能网联汽车自动驾驶的控制结构如图6-51所示。

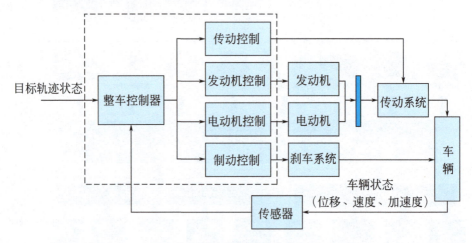

（a）纵向控制基本结构

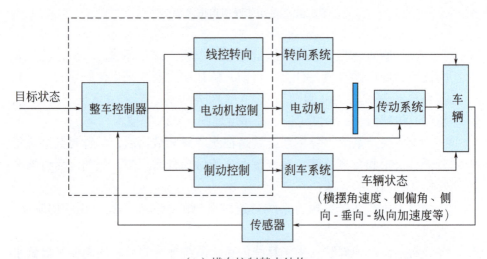

（b）横向控制基本结构

图6-51 智能网联汽车自动驾驶的控制结构

（1）纵向控制　车辆纵向控制是在行车速度方向上的控制，即车速以及自车与前后车或障碍物距离的自动控制。巡航控制和紧急制动控制都是典型的自动驾驶纵向控制案例。这类控制问题可归结为对发动机或电动机、传动和制动系统的控制。此外，针对轮胎作用力的滑移率控制是纵向稳定控制中的关键部分。

（2）横向控制　车辆横向控制指垂直于运动方向上的控制，对于汽车也就是转向控制。目标是控制汽车自动保持期望的行车轨迹，并在不同的车速、载荷、风阻、路况下有很好的乘坐舒适性和稳定性。车辆横向控制主要有两种基本设计方法，一种是基于驾驶员模拟的方法；另一种是给予汽车横向运动力学模型的控制方法。

纵向控制和横向控制耦合是实现自动驾驶的关键。

6-55 辅助驾驶、自动驾驶和无人驾驶有什么区别？

按照自动驾驶技术等级划分，辅助驾驶＜自动驾驶＜无人驾驶，自动驾驶不等于无人驾驶，如图6-52所示。

（a）辅助驾驶

（b）自动驾驶

（c）无人驾驶

图6-52　辅助驾驶、自动驾驶和无人驾驶

(1)辅助驾驶　辅助驾驶通常称为先进驾驶辅助系统（ADAS）。它是利用车载传感器，在汽车行驶过程中随时感知周围的环境，收集数据，进行静态、动态物体的辨识、侦测与追踪，并结合导航仪地图数据，进行系统的运算与分析，从而预先让驾驶者察觉到可能发生的危险，有效增加汽车驾驶的舒适性和安全性。辅助驾驶技术处于1～2级，1级是指汽车开始介入制动与转向其中一项控制，分担驾驶员的工作，主要有前车防撞预警系统、车道偏离预警系统、盲区监测系统、自适应巡航控制系统、车道保持辅助系统、自动刹车辅助系统等功能。2级是指汽车开始接管纵向与横向的多个控制，驾驶操作由系统完成，但驾驶员注意力仍然要保持驾车状态，以便随时接管车辆。2级与1级不同的是，横向和纵向系统需要进行融合。

(2)自动驾驶　自动驾驶处于3～5级。自动驾驶除了实现辅助驾驶的所有功能外，还可以允许驾驶员将注意力从交通情况和控制车辆中解放出来做其他事情。但是，驾驶员仍需要坐在车里，在自动驾驶系统尚未启动或者退出时控制汽车。自动驾驶系统虽然也可以代替驾驶员操控汽车，但系统经过判断在必要时会把汽车控制权还给驾驶员。

(3)无人驾驶　无人驾驶处于5级。无人驾驶没有驾驶员，汽车完全"自主驾驶"。无人驾驶汽车是用云端数据与更精密的算法程序来替代驾驶员成为操控汽车的"大脑"，无人驾驶汽车甚至连转向盘都可以不要，在任何情况下驾驶员都没有汽车控制权。

智能网联汽车的发展趋势一定是从辅助驾驶，逐步发展为自动驾驶直到无人驾驶。